安心して生きる・働く・学ぶ
―― 高校家庭科からの発信 ――

監修 大竹美登利　編集 中山節子・藤田昌子

開隆堂

はじめに

　近年，正規雇用のシステムや公的福祉などから排除されている若者が急増し，加えて，不登校や引きこもり，若年ホームレスやネットカフェ難民など家族や地域・社会とのつながりを失って社会的に孤立する若者の存在も顕在化している。高校生にとっては，このような「生きづらい」社会の中で，自分の将来に展望をもつことが難しく，社会的，経済的，精神的自立をすることがますます困難になっている。

　本書は，このような「生きづらい」社会に生きる高校生に対する，教育実践を通じた生活自立支援を目的としている。どのように自分の生活を考え，暮らしをつくりかえていけばよいのかを考えることは，まもなく社会に出ていく高校生にとって非常に大切な学習である。

　本書がねらいとしたのは，高校生が「生きづらい」社会の現状に失望するのではなく，自分の将来に展望をもつことができることを支援することである。具体的には，社会的排除を生み出す社会のしくみを，協働で変えていこうとする視点をもち，問題解決のために動き始めることができるようになることを教育的アプローチによって支援することが重要であるととらえた。

　高等学校家庭科の新学習指導要領（平成21年告示）においても，主体的に自分の生涯の生活設計を立てることがより重視され，家庭科の学習を通じて安心な暮らしの営みを考えていくことが求められている。

　高校生が，現状の社会に失望するのではなく，希望をもち，社会的排除を生み出すしくみを協働で変えていこうとする力をぜひ身につけていただきたい。そのために，生徒と教師が協働で考え実践する学びを展開してほしい。

　本書は高校家庭科の授業で活用されることを念頭に編んだが，家庭科に限らず，社会や総合的学習の時間，進路指導などでも活用できるものである。また近年，大学でのキャリア教育の充実が図られているが，そのテキストとしても活用できる。さらに，社会人が改めて自身の生活の立て直しを図る際の参考書としても有用である。安定した，健康で文化的な生活を営むために，多くの方々に活用してほしいと願っている。

大竹 美登利

CONTENTS

はじめに …………………………………………………………………………………………………… 3
学習の前に ………………………………………………………………………………………………… 5
高校生の今〜労働と生活の実態〜 ……………………………………………………………………… 6
生活資源〜安定的な生活を営む上で必要なもの〜 …………………………………………………… 8

第1章　一人暮らしを考えてみよう

- 教材①　一人暮らしでどのくらいお金が必要か(坪内・中野) ……………………… 12
- 発展例①　100円で朝食を作ってみよう(冨田) ……………………………………… 18
- 発展例②　衣生活のマネジメントを考える(松岡) …………………………………… 22
- 発展例③　住生活のマネジメントを考える(若月・藤田) …………………………… 30
- 教材②　クレジットと多重債務(坪内) ………………………………………………… 34
- COLUMN①　多重債務の整理事例(坪内) …………………………………………… 40

第2章　セーフティネットを保障する暮らし方・働き方を考える

- 教材③　社会保険ゲーム(坪内・冨田) ………………………………………………… 42
- 教材④　ワーキングプアとセーフティネットについて(若月) ……………………… 48
- 教材⑤　社会保障制度○×クイズ(中山・中野) ……………………………………… 52
- COLUMN②　多様な若者支援の広がり(中山) ……………………………………… 58

第3章　働く権利を守る

- 教材⑥　求人票を読む(坪内) …………………………………………………………… 60
- 教材⑦　自分や仲間の働く権利を守る(藤田) ………………………………………… 66
- COLUMN③　労働者の権利を実現した解決事例(藤田) …………………………… 72

第4章　生きる権利とそのための資源を考える

- 教材⑧　ハウジングプアから考える住まいの機能と住まう権利(藤田) …………… 74
- 教材⑨　ホームレスからの脱出法(冨田・若月) ……………………………………… 82
- 教材⑩　暮らしを守るセーフティネット　生活保護(中山) ………………………… 92
- COLUMN④　ノルウェーの教育と高校生たち(冨田) ……………………………… 100

第5章　私たちには学ぶ権利がある

- 教材⑪　お金の心配なく高校に通いたい(藤田) ……………………………………… 102
- 教材⑫　もし進学費用を自分で賄うとしたら？(中野) ……………………………… 106

おわりに …………………………………………………………………………………………………… 110

学習の前に

🎓 授業実践に際して2つのアドバイス

❶ 格差は雇用形態や社会保障制度の違いによって生じることを理解させる

まず，どの程度見通しを立てて生活を営めるのかという生活設計や雇用形態の種類と問題点を把握させる。さらに，働き方によりセーフティネットに格差が生じることから社会保障制度とその役割の重要性を理解させる。

❷ 貧困状態に陥らないために，あるいは万が一貧困状態になったときに，そこから抜け出すための方法や必要な生活資源について考えさせる

自らのセーフティネットを守るための生活資源を考える，また生活資源はどうすれば増えるのか考える。またそれらは，自分の努力でできることから公的支援まで，自助，共助，公助の3つが相互に関連しあっている。

🎓 本書の構成と内容

本書は，高校生が自分の生活をイメージすること，セーフティネットの重要性，労働と生活の保障，生活資源の獲得，修学と進学についての5つの内容で構成されている。時間数の関係で，この構成に沿い，すべての教材を使って授業を進めることはできないことを想定し，各教材は，独立した教材として完結するように作成している。

🎓 本書の使い方

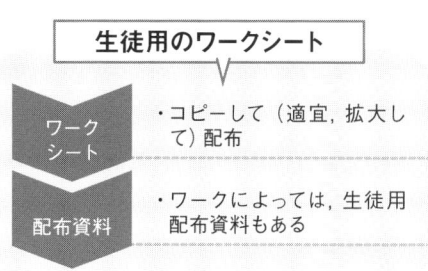

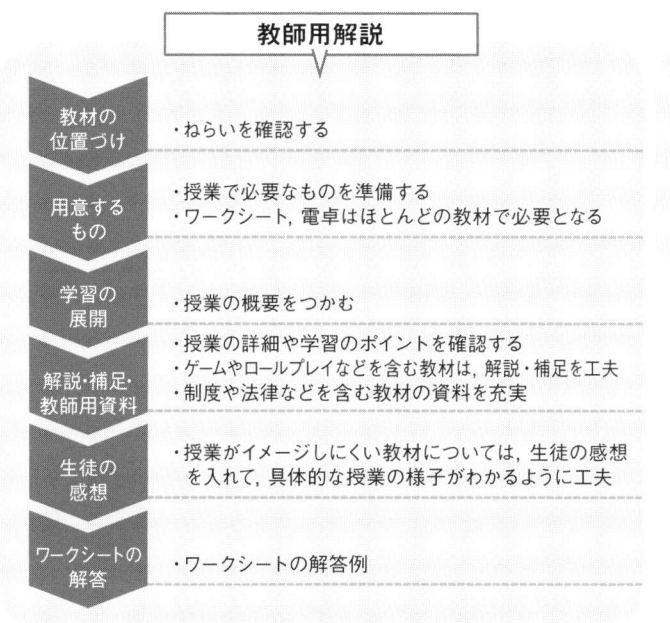

中山 節子

高校生の今 〜労働と生活の実態〜

　このカリキュラムを構築するにあたり，高校生の労働と生活の実態を把握することが必要と考え，2010年7〜10月，山形・東京・千葉・神奈川・兵庫の公立・私立高等学校5校1〜3年生622名を対象に，労働と生活に関するアンケート調査を実施した。

　そのなかで見えてきたのが，厳しい家庭の経済状況が影響し，生活費や学費の一部を稼ぐために厳しい労働市場（労働法に抵触，低処遇など）に強制的に押し出された高校生の実態であった。さらに，貧困は現在の生活だけでなく，将来の生活に対しても影響し，就職や進学費用，就職後の生活費，結婚や子育て，介護に至るまで，経済的不安を感じていた高校生の姿も見られた。

　こうした実態から，「労働者としての権利に関する知識」や社会保障・若者の生活支援など「セーフティネット」の学習，「家計費の支出計画」「生存権を守るための生活資源計画」を中心とした生活経営領域の学習などの必要性を切に感じた。そこで生まれたのが本書である。本書のご利用前に，高校生の労働と生活の実態を押さえていただければ幸いである。

労働（アルバイト）の実態

(1) 就労状況（表1）

　4割の高校生がアルバイトを行い（アルバイトの禁止校を除く），平日は週3〜5日，4時間以上が最も多かった。また，2割は深夜時間帯にも就労し，休日も8時間以上働いている高校生が2割おり，労働基準法に抵触しているとみられるケースも少なくなかった。

表1　アルバイトの就労状況

	平日		N
週に	2日以内	28.2%	71
	3〜5日	71.8%	
1回に	3時間未満	10.4%	67
	3〜4時間未満	28.4%	
	4時間以上	61.2%	
開始時間	3〜5時前	20.0%	65
	5〜7時前	67.7%	
	7時以降	12.3%	
終了時間	6〜8時以前	7.6%	66
	8〜10時以前	69.7%	
	10時以降	22.7%	

	休日		N
月に	なし	3.9%	76
	3回以下	31.6%	
	4回以上	64.5%	
1回に	4時間未満	7.2%	69
	4〜8時間未満	75.4%	
	8時間以上	17.4%	

（8時間以上）労働基準法で定められた法定労働時間を超えて働いている。

（10時以降）労働基準法で禁止されている深夜時間帯にも働いている。

(2) 給与状況

　1か月の給料（図1）は，3〜5万円が34.7%と最も多く，次いで5〜7万円が28.0%と多かった。平均すると1か月に約4万6,000円を稼ぎ，なかには10万円を超える生徒もいた。

　また，最低賃金法で定められた最低賃金並みの時給という生徒もおり，給与面でも低処遇であるケースもみられた（表2）。

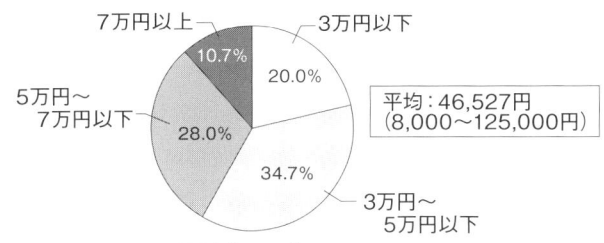

図1　1か月の給料（N=75）

表2　時給（最低）と最低賃金の比較

都道府県	時給（最低）	最低賃金（H21年度）
A	800円	791円
B	791円	789円
C	740円	721円

(3) アルバイトの目的（図2）

アルバイトをしている理由は，「こづかいのため」が約9割（使い途は携帯，被服，食事代），「貯金をするため」が約4割（その目的も「将来に備えて」「進学のため」「万が一のため」など），「家計補助」が約3割，「学費に充てるため」が約1割であった。これらは，本来なら家計で支払うべきものであり，厳しい家庭の経済状況が影響し，生活費や学費の一部を稼ぐためにアルバイトせざるをえない生徒も多くみられた。

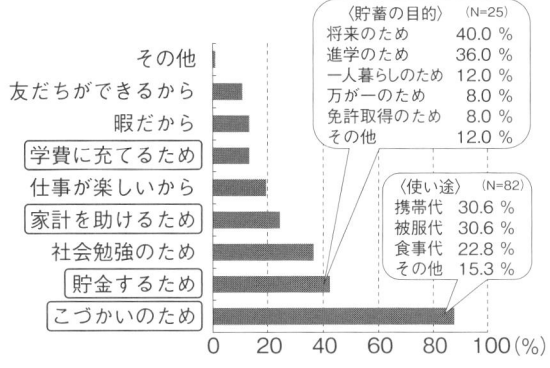

図2　アルバイトをしている理由（M.A.）（N=82）

(4) アルバイトをして困っていること（図3）

アルバイトをして困っていることが「ある」という生徒は約6割であった。生活費や学費を稼ぐために長時間，かつ深夜まで働かざるをえない労働の実態や，高校生の雇用環境は，高校生の生活に影響を及ぼし，「睡眠不足」「朝起きられない」「ストレス」「勉強時間がとれない」「学習意欲がわかない」「体調不良」といった心身と学業面に問題がみられた。

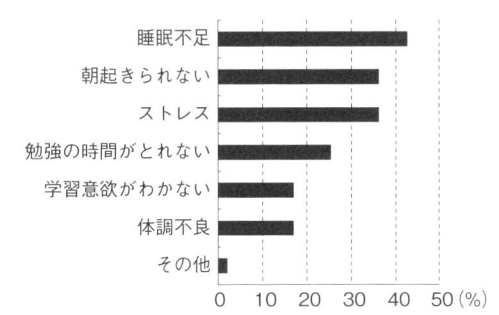

図3　アルバイトをして困っていること（M.A.）（N=47）

生活の実態（図4）

将来の生活に対して，高校生の約6割は「就職できるか」そして「就職後，生活できるだけの収入があるか」ということに不安を感じ，また「進学費用」が不安な者も半数いた。さらに「結婚」や「子育て」「介護」に至るまで不安がみられた。

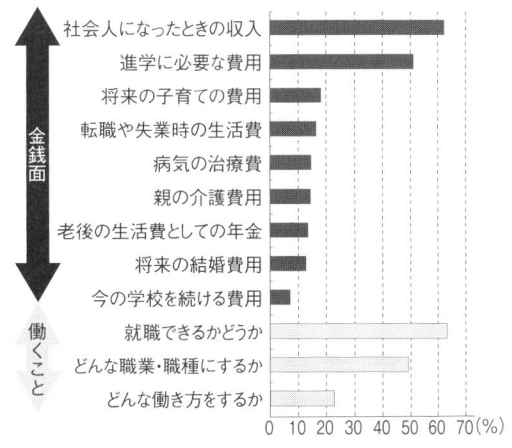

図4　生活不安（N=617）

藤田昌子

生活資源～安定的な生活を営む上で必要なもの～

湯浅[1]は貧困のサイクルに陥らないために，生活資源というタメが必要であるという。持っている生活資源にゆとりがないと，リスクに出あったときに生活は崩壊しやすい。しかし一定のストック(タメ)があると，リスクにあってもやり過ごしたり乗り越えたりすることができ，生活の崩壊につながりにくい。1人で乳児を育てている場合に，育児者が倒れたらその乳児は命の危険にさらされる。しかし2人で育てていれば，1人が倒れてももう1人が対応でき，乳児の命が危険にさらされない。このように2人というタメ(ゆとり)によって，リスクに出あっても生活は安定的に営むことができる。こうした役割を果たす生活資源とは何かを考えてみたい。

❶ 生活資源とは何か

家庭科で家庭経営という概念が作られたが，それは「家族の意思によって家庭の方針を決め，家庭生活における人間，物資，金銭，時間，労力等を有効に活用して」いくことであり[2]，人間，物資，金銭，時間，労力等といった生活資源の管理がその中心をなしている。こうした資源管理の理論は，アメリカのニッケルらの資源の管理の影響を受けている[3]。そこでは資源は人間的資源と非人間的資源に整理されている。最近では，赤塚[4]が生活資源を整理しており，そこでは「生活資源とは…生活を営むにあたり，すべての役立つもの」であり，それらは①個人的生活資源，②人間関係資源，③経済的生活資源，④時間，⑤情報，⑥社会的資源からなるとした。これらを筆者は，大きくもの(物的資源)と人(物的資源)と金の3つに分類し直した(表1参照)。

表1　生活資源の3つのとらえ方

筆者の生活資源		赤塚の生活資源		ニッケルらの資源	
人的資源	サービス (光熱水道，通信運送，育児・教育，娯楽など)	個人的生活資源	生活経営力，健康，知識，経験や創造力，教育力など	人間的資源	能力と技術，態度，知識，精力
	人間関係 (家族，友人，地域，社会的人間関係)	人間関係資源	家族，友人，知人，近隣，コミュニティ，ネットワークなど他者との関係		
	能力 (知識・技術・情報)や時間	時間		非人間的資源	時間，金銭，財産と管理，社会的便宜
		情報			
金銭	お金	経済的生活資源	収入，資産などの金銭		
物的資源	食べもの 着るもの 生活雑貨 住まいや施設 耐久財	個人的生活資源	耐久財，半耐久財，サービスなど		
		社会的資源	制度，施策，自主的組織などの機関・人材，学校，図書館，公園，公民館などの施設など		

❷ 生活資源の基本である物的資源

人は自然に働きかけ，生活に有用なモノを作り出し，それを消費して命をつないでいる。この自然界から産み出されているモノが物的資源である。飢えを満たし健康を保持するため

に，人は自然に働きかけ，米や肉，野菜などを育て，食材として利用する。吸汗などで皮膚を清潔に保ち，寒暖を調整し，虫や石などから防護するために衣服をまとう。そのために人は自然に働きかけ麻や綿，羊毛を育て，衣服を産出し着用する。さらに自然や外敵から身を守り，安全や休養を保障するために住宅は不可欠である。「生活」を「衣食住」と別称するのも，生活に必要不可欠なモノ（財）の総体を表しているからである。

必要な物的資源は時代により相違する。

例えば，図1に見るように，米の消費量が減少し，牛乳や肉類，小麦（パン・麺など）の消費量が増加している。また，耐久消費財は1960年代には電気洗濯機，電気冷蔵庫，電気掃除機，カラーテレビが普及し，1970年代には乗用車，エアコン，電子レンジ，VTRが，1990年代にはパソコン，デジカメ，CDなどが普及した。

どのようなものが生活に必要かは，標準生活費の算定の際に使用されるマーケットバスケット方式で，米何g，肉何gと，具体的に示される。このマーケットバスケット方式を衣服費，住居費，教養娯楽などすべての費目で行った標準生活費の算定に示されたモノの種類と量は，物的資源全量を示している[5]。

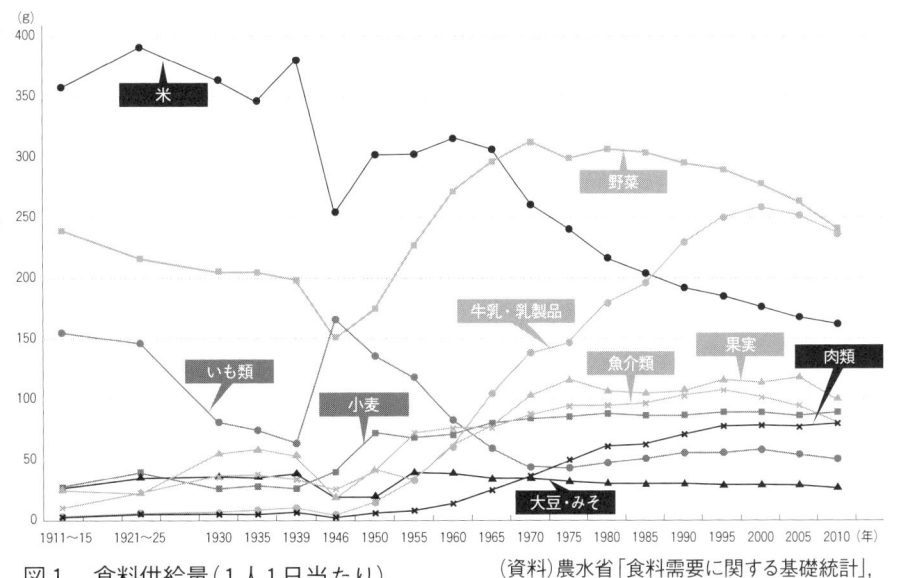

図1　食料供給量（1人1日当たり）

（資料）農水省「食料需要に関する基礎統計」，農林統計協会「改訂日本農業基礎統計」

❸ 資源を活用するときに必要な人的資源

生活に必要なモノを消費する場合，知識や技術などを活用して最終消費に至る。すなわち，知識や技術を駆使して調理して食し，知識や技術を活用して洗濯や繕いを繰り返しながら衣服を活用し，生活する。このように物的資源（財）を消費し生活を営むためには，人がもっている知識や技術などの能力が駆使される。人に備わった知識や技術は人的資源の最も基礎をなしている。

商品経済が発達すると，物的資源（財）だけでなく，消費労働（家事労働）もサービスという商品として提供されるようになる。例えば，水汲みという労働は，水道という水供給サービスとして提供される。あるいは核家族世帯や単身世帯が増加し生活単位が小さくなると，世帯のなかで当たり前のように引き受けていた育児や介護が，単一世帯の中で賄えなくなり，育児サービス，介護サービスが商品として提供されるようになる。すなわちサービス商品は，人がその能力を駆使して時間を消費し，生活を支えてきた家事や育児・介護労働が市場に商

品として出回ったひとつの形態である。今日ではこうしたサービスへの支出が家計支出全体に占める割合は増大している（図2参照）。なお，育児・介護などのサービスは利潤追求を目的とする企業経営になじまないため，福祉として公的に提供されることが多い。

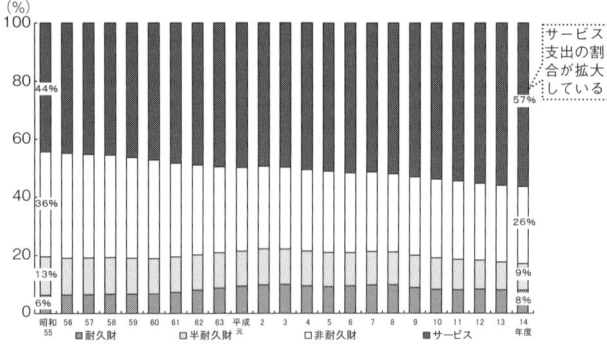

図2　家計支出全体に占めるサービス費の支出の割合

資料：「国民経済計算」（内閣府）
出典）経済産業省『平成16年間回顧経済活動分析』p.115

❹ お金という資源

現代では生活に必要な資源の大半は商品として提供され，生活者はそれを購入し消費して生活を営む。すなわち生活に必要な財・サービスといった生活資源を入手するためにお金（金銭）はなくてはならない。生活を営むために必要な金額を生活費と呼び，最低限の生活の保障として，生活保護制度がある。

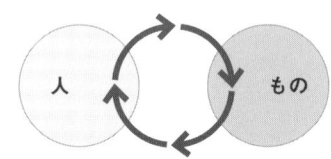

一方，生活資源を生産する過程で，原料という物的資源に技術という人的資源が転嫁され商品となり，この過程で賃金が払われる。このような物的資源と人的資源の循環にお金が介在する。

❺ 現代社会に新たに必要となった社会関係資源

複数の家族で世帯を形成してきたときには，家庭はリスクに対応する相互扶助の福祉的機能をもっていた。家族関係という人間関係資源の中で，病気になれば家族が介護をしてくれるなどの対応ができた（今日では複数の家族がいても福祉機能や相互扶助の力を失っている例も多い）。しかし単身世帯が増えるなど生活単位が小さくなっている現代
社会では，その単位のなかで相互に助け合う関係が成り立たない。リスクに対応するために世帯を超えた相互扶助の関係が必要となる。例えば，集合住宅の管理組合などや学童保育や保育サービス，高齢者生活支援，若者の自立支援など，日常生活に不可欠で身近な地域のなかで形成される共同組織による相互扶助の人間関係である。さらに，行政などによる公的なサポートを提供する組織制度もある。ただし，こうした組織制度があってもアクセスして利用できなければ生活資源として生かされない。こうした組織制度にアクセスできる場合に，その人は社会関係資源を持っているといえる。特に生活保護などの最低限の生活保障にアクセスできる社会関係資源を持っているかは，その人の生死に関わる重要なことである。

引用文献　1）湯浅誠，河添誠編（2008）『「生きづらさ」の臨界』旬報社，p.30　2）鈴木敏子（2003）「『家庭経営者の育成』から『少子高齢化への対応』へと移行した高等学校家庭科の課題」『生活経営学研究』NO.38, pp.48-54　3）氏家寿子訳，P.ニッケル，J.M.ドーゼイ著（1965）『3訂家庭生活の管理』家政教育社　4）赤塚朋子（2009）「生活の社会化と生活資源コントロールの有り様」『暮らしをつくりかえる生活経営力』朝倉書店　5）家庭経営学部会中国四国地区代表下東艶子『高齢者の生活問題』1984年，有斐閣

大竹美登利

第 1 章

一人暮らしを考えてみよう

教材 1　一人暮らしでどのくらいお金が必要か
～「25歳の家計簿（単身版）」～

教材の位置づけ

一人で自立して暮らしていくにはどんな項目の支出があり，どのくらい費用がかかるのか。平均的な25歳正社員とフリーターの収入で家計を体験する。支出項目ごとに選択肢を設けてあるので，それを選択することでその生活が想定できるようになっている。収入の異なる2パターンの家計費を考えることで，健康で文化的な生活を送るためには，最低限どのくらいの収入が必要か考えることができる。

学習の展開

導入

1．一人暮らしをするにはどのような費用がかかり，1か月いくらの収入があれば生活できるかを予測し発表する。

展開

2．「25歳の家計簿（単身版）」に取り組む。
（一人でも，グループで話し合って取り組んでもよい。）

①フリーターの家計の費目ごとに金額を選択し「Ⅰ．フリーターの家計費」欄に金額を記入する。最後に合計金額を出す。この場合，収入を超えてもよいこととし，次に「Ⅱ．フリーターの家計費改善後」で収支が0になるよう改善する。
②正社員の場合も同様に行う。
③「授業のまとめと感想」を記入する。

3．「授業のまとめと感想」について発表し意見交換する。

まとめ

4．家計が苦しいときの自助・共助・公助について確認し，人間らしい生活を送るためにはどの程度の収入が必要かを考える。

解説・補足・教師用資料

こういった教材の場合，フリーターは大変で正社員がいいという結論になりがちである。違法ではあるが，正社員でも社会保険未加入の会社があったり，残業代なしで長時間労働を

強いられたり，企業の業績が傾くとリストラの対象となり失業したりする場合もある。一方，非正規雇用(パート，アルバイト，派遣，契約など)でも社会保険に加入し生きがいをもって働いている人もいる。しかし，非正規雇用は，正規雇用に比べるといつ契約を打ち切られるかわからないという不安定さがある。この非正規雇用の割合は若年層を中心に年々増加している。雇用の不安定さが，若者の将来像を見えにくくし，結婚ができない，派遣で産休や育休がないため子どもを産めない，子育てができないといったところにまで影を落としている。このようななかで，私たちの生活と雇用の安定を図り，憲法に保障された「健康で文化的な最低限度の生活を営む権利」を国民のものにするには，高等教育や職業教育，雇用，子育ての支援があり，正規・非正規を問わずセーフティネットが充実し安定して働くことができる社会の実現が望まれる。

福祉大国のスウェーデンやワークシェアリングの進んだオランダなどの政策が参考になる[1]。

1) 平成17年度版国民生活白書：コラム「オランダにおけるワークシェアリング」
教材④参照
【注】公助・共助については，教材⑨「ホームレスからの脱出法」，教材⑩「暮らしを守るセーフティネット 生活保護」等を参照

生徒の記述より

〈家計が苦しいときの手立てや工夫(p.17)〉

1) 自分の力でできること(自助)
- 外食を避け，安い食材で調理をする。急を要しない生活用品の購入を控える。電気・水道・ガス等の節約(トイレの水槽にペットボトルを入れる等)。よりよい収入を得るために，就職に役立つ資格を取る。

2) 自分の力でどうにもならなくなったとき(共助)(公助)
- 家族や友人の助けを借りる。友人とルームシェアをする。NPOの自立支援プログラム等に参加し，生活力を高める。ハローワークの若年者相談コーナーを活用し，職探しや面接の指導を受ける。スキルアップのため教育訓練給付制度を活用し職業訓練を受け再就職する。失業時に雇用保険から失業給付金を受ける。生活保護を申請する等。

〈生徒の反応や感想〉

- 実家暮らしでは気がつかなかったことが多かった(今まで考えてみなかった)。
- リアルなシミュレーションだった。自助，共助以外に公助のことを知らないといけない。
- 最低限の暮らしでも支出が多い。
- これから自立するために意識して生活をしていきたい。

一人暮らしでどのくらいお金が必要か
～「25歳の家計簿（単身版）」～

> 限られた収入の中で，自分のライフスタイルに合った暮らし方を実現するためには，どんなことに，どのようにお金を使えばいいのでしょうか。あなたが25歳の一人暮らしで生活をしていると仮定して将来に向けて夢ある家計を立ててみましょう。

● 25歳のときの働き方別によるそれぞれの収入で家計を立ててみよう。
　フリーターは収入が少ないため，社会保険料は払わないという設定です。
● 次の①～⑧の項目について生活パターンを選び，それぞれの合計欄に金額を記入し，さらに次ページの「収支一覧表」①～⑧にも記入しよう。

①住宅（家賃）費・水光熱費

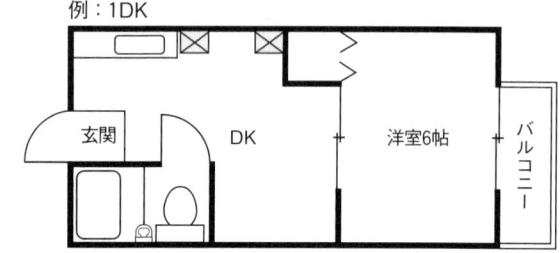

例：1DK

例）1LDK… 1：1つの居室，例：1DK
　　　　　 L：リビングルーム
　　　　　 D：ダイニングルーム（食事室）
　　　　　 K：キッチン（台所）

タイプ1～4の中から，自分が住みたい家を選び，住宅費と水光熱費に○をしよう。
（1か月当たり）

パターン	住宅のタイプ	家賃	水光熱費等
1	1K　日当たり　悪い（風呂なし）	4万円	2万円　銭湯代など含む
2	1DK　日当たり　悪い	5.5万円	1万円
3	1DK　日当たり　良い	6万円	1万円
4	1LDK，2DK　日当たり　良い	7万円	2万円

①合計（家賃＋水光熱費）	万円

②交通費

車　a：持たない人は　　1万円（大人1人：1か月当たりバス・電車代等）
　　b：持ちたい人は　　10万円（1台：1か月当たり自動車関係費）
（内訳）　維持管理費（車検・自賠責保険・ガソリン代等）
　　　　＋　駐車料金（1か月当たり）
　　　　＋　車の減価償却費（車のローン返済・次期購入自動車の積立金等）

②の金額	万円
②合計	万円

③通信費（1か月分）

家の電話と携帯電話の料金を計算する。

	使用する金額	
家の電話の基本料金	使用するなら基本料金	0.2万円 （　　）万円
インターネット	使用するなら接続通話料	0.3万円 （　　）万円
携帯電話	（　　　　）円×（　　）台　＝	（　　）万円
③合計		万円

④被服費

（着衣の他，靴，帽子，バッグなども含む）

パターン	内容	金額
1	お古をもらい，ほとんど購入しない	0.5万円
2	必要最小限の服を購入する。	1万円
3	ユニクロ，しまむらなどの服を購入する。	2万円
4	たまにおしゃれな服を買う。	3万円
5	ときにはブランド品を買う。	5万円
④合計		万円

⑤食費

パターン	内容	金額
1	朝・夕食は自宅で調理する。1食当たり200円。安い食材を購入する。昼食は飲み物も家から持参。デザート・果物はなかなか買えない。	2万円
2	食材費1日1,000円でほぼ自炊。栄養のバランスもとれる。	3万円
3	ファストフード中心の安い外食とインスタント食品。	3.5万円
4	自炊中心。たまにはステーキも。	4万円
5	たまにはレストランで外食をする。	5万円
⑤合計		万円

⑥教養・娯楽費

（新聞・雑誌・テレビ受信料・趣味等）

内容							金額
新聞　とるなら　0.4万円							（　　）万円
NHK受信料　テレビがあるなら0.2万円							（　　）万円
遊びや趣味，交際の費用	5万円	4万円	3万円	2万円	1万円	0万円	（　　）万円
⑤合計							万円

⑦預貯金

預貯金の目的	使用する金額		毎月の預貯金額
	何年後までに	いくら貯める	
			万円
			万円

【預貯金の目的の例】
　バイクやパソコンの購入，旅行の積立，目的を定めない貯金，学資の積立，病気や災害に備えて

⑦合計	万円

⑧その他支出

（正社員は2万円，フリーターは1万円）
（医療・衛生費(医療費・理容・美容・薬代)
＋冠婚葬祭費＋家具・家事用品等）

⑧合計	万円

1か月の収支をまとめる。下記に①〜⑧の金額を記入し計算する。
ⅠとⅢは思いどおりに記入してみよう。赤字でもかまわない。
ⅡとⅣは収支を0円にするように改善する。

			Ⅰ．フリーターの家計費	Ⅱ．フリーターの家計費改善後	Ⅲ．正社員の家計費	Ⅳ．正社員の家計費改善後
平均総月収			130,000円	130,000円	308,428円	308,428円
非消費支出：月額	税金	所得税	3,792円	3,792円	6,928円	6,928円
		住民税	4,958円	4,958円	11,225円	11,225円
	社会保険料	健康保険料	0円	0円	19,220円	19,220円
		年金保険料	0円	0円	32,707円	32,707円
		雇用保険料	0円	0円	1,528円	1,528円
税金・社会保険控除後手取り月収(概算)			約12.1万円	約12.1万円	約23.7万円	約23.7万円
消費支出と実支出以外の支出	①住宅費・水光熱費		万円	万円	万円	万円
	②交通費		万円	万円	万円	万円
	③通信費		万円	万円	万円	万円
	④被服費		万円	万円	万円	万円
	⑤食費		万円	万円	万円	万円
	⑥教養・娯楽費		万円	万円	万円	万円
	⑦預貯金		万円	万円	万円	万円
	⑧その他		1万円	1万円	2万円	2万円
	支出合計		万円	万円	万円	万円
収支（収入−支出合計）			万円	万円	万円	万円

フリーターは，本来このほかに自分で国民健康保険料(10,000円程度)と国民年金保険料(15,020円＊)を払わねばならない。
＊平成23年度の額

授業のまとめと感想

1 フリーターと正社員の家計を立ててみてどうでしたか。

1）フリーターの家計を立てたとき

2）正社員の家計を立てたとき

2 家計が苦しいとき，生活を維持するための工夫や手立てにはどのようなものが，ありますか？

1）自分の力でできること

2）自分の力ではどうにもならなくなったとき

3 25歳単身者が一人で暮らすためには，最低限どの程度の月収が必要だと思いますか。

（　　　　　　　）万円

4 この授業を終えての感想

年　　　組　　　番　　名前

発展例 1　100円で朝食を作ってみよう

教材の位置づけ

　生徒のなかには，食費を削り安くてカロリーの高い菓子や菓子パンを食事代わりにしている者がいる。

　この授業では，万一生活が困窮したとき，一食100円で用意できる食事を考えさせる。「主食・主菜・汁物」の献立に取り組ませる目的は，生徒にこの形式の献立でも100円以内で食べられることの驚きを実感させ，食品構成のバランスについても考えさせるためである。なお，学校で用意する食品等は，地域的な特徴や生徒の状況等を考慮して，自由に変更可能である。

学習の展開

導入

1. 突然生活が困窮し，もし「一食100円で生活を」と言われたら，どのような食事をイメージするか考えてみる。

展開

2. 学校から提示された食材について，価格を市場調査する。【ワーク1】

   a 新聞折り込みチラシをチェック
   b ネットスーパーをチェック
   c その地域の特産品なども含めて，産地直売所などでチェック

3. 市場調査結果をクラスで共有【ワーク1】
4. 使う食材を選定【ワーク1】

   ① 100円以内になるかの確認
   ② どの食品群から食材を選んでいるかの確認

5. 献立作成【ワーク2】
6. 調理実習と試食

まとめ

7. 授業の感想や気づいたことをワークシートに記入する。【ワーク3】

解説・補足・教師用資料

1．学校で用意する食材

教員が指定した食材から，献立を考えさせる。ただし，地元の特産品，実習実施時期や気候による価格の変動なども考慮しながら，食材の設定をする。表中の食材については，次の点を意識して設定した。

(1) **食品全般**：「一人暮らしの生活」を意識し，食品の産地にこだわらず，なるべく長く保存でき，ある程度まとめ買いや冷凍保存等が可能なものを選んだ。
(2) **野菜等の分量表示について**：作る側に立ったときにイメージしやすいことを重視した。表以外の野菜を準備する際は，資料集等で重量を確認する。
(3) **野菜等の重量と価格について**：一袋に入っている食材の重量などの調査は実際には困難である。教員側で事前にそれを補完するデータを準備する。
(4) **豚肉について**：卵料理が体質的に食べられない場合，安価なたんぱく質供給源としての１つとして設定した。肉の部位により値段は違うが，テーマ「100円」に沿った肉の種類を示す。なお，肉をどう扱うかは自由である。
(5) **ハム・ソーセージについて**：簡単に用意できる朝食の材料としてハム・ソーセージがあるが，これらは高価なため，安価で常温保存が可能な魚肉ソーセージを実習材料に取り入れた。

2．献立作成【電卓準備】

①市場調査

ワーク２の表のなかには，生徒に「この食品は高くて使えない」と気づかせるために，100円朝食では使用できないような価格の食品もあえて列記した。各学校で選定する教材は，この趣旨を理解した上で選定してほしい。

市場調査の目的は，学校で用意された食品がいくらで売られているかを知ることにあるが，同時に旬・出盛り期や生産地を意識させたい。

市場調査の方法には，ａ新聞折り込み広告をチェックする，ｂネットスーパーをチェックする，ｃ産地直売所で売られているものをチェックする，がある。

なかでも，産地直売所の食品を調査する場合，市価より安い値段で購入できる利点に気づくことができるため，可能であれば取り組ませてほしい。

今回は「産地にこだわらない」が前提の実習であるが，この調査を体験することで，地産地消の学習へもつなげられる。

②まとめ

各グループで調べた市場価格の調査結果をクラスで共有し，予算内に収まるように食材を決める。収まらない場合には，献立内容を再検討する。

100円で朝食を作ってみよう
~目的:限られた予算のなかで,朝食を作る~

> 万一生活が困窮したときのことをイメージしながら,一人ひとりが自立した食生活を送れることをめざした「朝食」の実習を行います。どの家庭にもありそうな身近な食材を使って,何が作れるか,という応用力が問われるテーマです。

作るときの条件

①材料費1人100円以内(調味料代を含まない)
②30分以内で作れるものを考える
③学校で用意する食材から選ぶ

マジで今月『1か月1万円生活』なんだけど。やばっ!
朝ごはん,100円でなんか作れるかな…

ワーク1 市場調査をしよう
〈学校で準備する材料〉

食品群	使用可能な食材	市場調査結果 分量	市場調査結果 金額	1人分の食品分量の目安	1人分の金額	選○
1群	卵			1個		
2群	さば西京漬け			1切		
	魚肉ソーセージ			50 g		
	豚ロース肉(米国)			50 g		
	納豆			1個		
3群	キャベツ			1枚 15 g		
	きゅうり			1／8本		
	玉ねぎ			1／8個		
	トマト			1／6個		
	(薬味)ねぎ			5 g		
	人参			1／8本		
	もやし			1／4袋		
	レタス			1枚 15 g		
	干しわかめ			1 g		
	じゃがいも			1／2個		
4群	米			65 g		
	パン6枚切り			1枚		
	スパゲティ			80 g		
	うどん			80 g		
					合計金額	円

〈学校にある調味料など：材料費に含めないもの〉

味噌　砂糖　塩　酢　しょうゆ　みりん　コショウ　サラダ油　ごま油　小麦粉　片栗粉　かつおぶし
和風だし　中華だし　コンソメ　ウスターソース　調理酒　マヨネーズ　トマトケチャップ　しょうが

ワーク2　献立作成【電卓準備】

①市場調査の結果を受けて，どの食材を使用するか。
　使用するものについて，ワーク１の表右欄に○をつけよう。
　合計金額は100円以内に収まるか。
②選んだ食材を使って主食・主菜・汁物の献立を考え，下の表にまとめよう。うまくできない場合は，100円以内に収まる範囲内で食材を変更してもよい。

	献　立	作　り　方
主食		
主菜		
汁物		

ワーク3　授業のまとめと感想

１．調理の仕方，味つけや盛りつけについて

２．市場調査・献立作成から調理実習まで，全体の取り組みをふりかえって

　　　年　　　　組　　　　番　名前

発展例 2 衣生活のマネジメントを考える

教材の位置づけ

近年，衣服の生産流通の変化，購入方法の多様化が加速し，衣服の消費志向も多様化している。おしゃれで安価な衣類を簡単に手にすることが可能となった一方で，低賃金労働や繊維産地企業の衰退と新たな市場移転などさまざまな問題が起こっている。本教材では，衣服の光と影の実態を知り，衣生活のマネジメントを考える。

用意するもの

手持ちの服（Tシャツ，ジーンズ，スポーツウェアなど）

学習の展開

導入
1. 手持ちの服の原産国や価格を調べる。【ワーク１】

展開
2. 衣服の価格が安く販売されている理由について考える。【ワーク２】
3. 生産地の労働状況を知る。【ワーク３】
4. 衣服が低価格で流通した結果，日本と海外の生産地で起こっている状況を知る。【ワーク４】
5. 生産地の労働環境を改善する取り組みについて知る。【ワーク５】

まとめ
6. 被服の購入という観点から衣生活のマネジメントを考える。【ワーク６・７】

解説・補足・教師用資料

1．導入で使用する手持ちの服

原産国と価格を調べるときは，Tシャツやジーンズなど指定してもよい。スポーツウェアを含めるとよい。

2．安価な服の背景
(1) 衣料の生産地・労働賃金について

最近の衣料の生産は海外に依存している。特に中国での生産が総輸入額のうちの8割に及び，次にベトナム，イタリアが続く（ワーク2の図3参照）。金額ベースでは，高級ブランドなどを扱うイタリアからの輸入が多いが，重量ベースでは，バングラデシュやインドネシアからの衣料の輸入が増えている。低価格衣料は，低賃金国で生産される衣料の流通により実現している。

(2) 流通のしくみについて

日本では，複雑な生産・流通構造で，多様な卸売企業が存在している。そのため，衣料品の価格は高額になっていた。しかし，近年，低価格ブランド衣料に代表されるようにSPAと呼ばれる製造小売業が繊維産業を支えている。生産地を日本から中国やアジア地域に移転することで，生産コストを抑え，さらに卸売などの中間業者を省くことで，低価格衣料を実現している。

衣料品の縫製などを手がける製造企業は，アパレルメーカーから商品企画されたものを依頼され，生地から製品に変える。アパレルメーカーはその商品を卸・商社を介して小売業で販売する（図1）。

製造（生地・縫製工場） ➡ アパレルメーカー ➡ 卸・商社 ➡ 小売 ➡ 消費者

図1　一般的なアパレル流通の流れ

アパレルメーカーは，企画，設計を行い，自社工場や協力工場で縫製し製品化する。また，卸業者はアパレルメーカーと小売業者の間で流通が円滑に行われるような役割を果たす。したがって，製造企業では，商品企画を行わない場合が多い。繊維，テキスタイル（生地），アパレル製品，卸・小売業の取引にかかわるコスト削減，納期の短縮など効率化を図っている。そのために，衣料のグローバル化を進め，縫製などの企業を中国などの低賃金労働での生産が可能な国に委ねたため，日本の衣料品製造企業の縮小化（製造品出荷額はピーク時の3分の1程度まで減少）が進んでいる。

また，別の業態として，アパレルメーカーが小売店も経営し，企画・生産・販売を一体化して行うSPA（製造販売アパレル小売業）が増加している。SPAはさらに生産・流通の効率化を図り，消費者に安価な商品を提供している（図2）。

生産・縫製工場 ➡ 小売業 ➡ 消費者

図2　SPAの流通の流れ

3. 生産地の労働状況

　この流通のしくみは，衣料産業において労働搾取が起こりやすい原因にもなっている。

　アパレル産業のピラミッドのトップには小売業者が位置し，その小売業者が有名ブランドのメーカーに注文し，メーカーが裁縫請負業者を使って衣料品を作らせ，請負業者は労働者を募集し採用し賃金を支払う。その労働者がピラミッドの底辺に位置している。

　請負業者間で競争入札が行われ，それが請負価格をダウンさせ，業者は労働者に最低賃金や時間外手当を支払うことができなくなっている。今日の衣料産業では，競争入札自体が行われなくなっているというのが，実態である。多くの請負業者は「申し出に対して受けるか否か」いう状況に置かれており，どれほど安い価格を提示されても受けざるをえず，それを拒否すれば仕事がもう来ないのである。その結果，請負業者は労働者から利潤を「搾取」し，節約し，安全ではない条件で操業しなければならなくなる。

　このような低賃金で過重労働させられているアメリカ本土の衣料産業やアパレル産業の工場を指し示すのに，スウェットショップという言葉が，1990年前後頃からしばしば見かけるようになった。スウェットには，「汗水たらして働く」とか「〜を搾取する」という意味がある。

　教材で取り上げた2つの事例は，2011年時点のカンボジアにおける世界規模で展開しているスポーツメーカーの工場での生活と労働の状況を伝えるものである。

4. 国内外の繊維産業の状況

(1) 日本の生産地の状況

　日本の繊維製造業の従業者は，約31万人(2009年)で製造業全体の4.1％，県別に見ると福井県(14.0％)，石川県(10.1％)，岡山県(6.6％)で，これらの地域は地域経済に大きく貢献している。しかし，地域によっては，縮小傾向にある。

　岐阜県毛織物産地(岐阜県毛織工業組合)は，1460年ごろに美濃八丈と呼ばれる長物を織ったことが発祥である。明治になり製織技術の向上，大正時代から毛織物が振興し，全国でも有数の織物産地となった。しかし，1982年企業数1,445から2001年には225，従業員4,248人から1,674人以下と産地規模の縮小化が進む。長年にわたり，より優れた人材が高度な技術，技能を伝承してきており，産地特有の商品を生み出す潜在能力をもっている地域も多く，産地発の商品開発などで，産地を活性化できるかどうかが今後の課題である。

(2) 海外の生産地の状況

　衣類の国際貿易が，2005年に自由化され，競争環境はより厳しくなっている。この自由化によって，衣類価格が下落し，先進国への輸出向けの縫製産業をもつ低所得国では，賃金が下がったり，労働条件が悪化している国も出ている。また，さらに労働賃金の安いアジアの低所得国へと，生産地の移転の動きもある。

5. 労働環境を改善する取り組み

このような状況に対して見張り・監視する動きも生まれ，労働組合だけでなく，世界各国のNPOなどが，反スウェットショップ・キャンペーンを実施し，情報を発信し抗議活動を展開している。

本教材で取り上げているプレイフェアという取り組みもその一つであり，オリンピックの開催時に，グローバルレベルで反スウェットショップ・キャンペーンを実施している。プレイフェアのホームページを見ると，生徒がこの問題を知り，自ら行動をとれるように，生徒用の参加用ガイドが作成されており，教師用には，教材や授業の事例などを示すガイドなどをダウンロードすることができるようになっている。

参照：プレイフェア2012　ホームページ　http://www.playfair2012.org/

アジアの低所得国であるバングラデシュやカンボジアにおいては，自由化後においても，縫製産業での雇用機会が多くあり，労働者の賃金上昇が見られている事例もある。これらの国では，最低賃金制度の導入と賃上げなど，ディーセントワーク（働きがいのある人間らしい仕事）を実現する取り組みを行っており，労働者のセーフティネットを守ることは，貧困撲滅につながるだけでなく，また，企業にとっても生産性を高めるという結果を生み出しているといえよう。

6. 衣生活のマネジメントについて考える

チェックシートを使って，衣服の光と影の問題を知り，衣服購入の基準やポイントについて考えさせる。

本教材では，十分扱うことができなかったが，大量に消費されている衣類と廃棄の問題についても目を向けさせたい。今日，家庭から排出される衣類は，燃えるゴミとして処理されるのが大半である。近年，衣類は複合的な素材や防水などの加工をしたりしているため，リサイクルが難しいのが現状である。

持続可能な開発がより重要な課題となっている今日，生産から消費，廃棄の過程で生じているこれまで見えなかった問題に出合う経験が，衣生活のマネジメントにおいて大事である。生産過程におけるディーセントワークや公正や環境を配慮した消費や廃棄の仕方をトータルに考えていくことが，授業のポイントとなるだろう。

ワークシートの解答例

ワーク1　①中国

ワーク2　①中国　②抑えている

ワーク3　③10　④残業をして稼がなければ，生活できないくらい安い

　　　　　⑤ある

　　　　　⑥⑦悪い・暑さにより気を失った人がいるから，十分に食べていない人がいるから

　　　　　　注：この工場は扇風機があるから労働環境は比較的よいという考えもある

ワーク4　⑧3分の1　⑨減　⑩安い

衣生活のマネジメントを考える

ワーク1 下記の表示を見て、生産国を確かめよう。また、自分の手持ちの衣服の品質表示から生産国や価格を調べてみよう。

```
品質表示
ポリエステル　100％
A株式会社　03-○○-3333
MADE IN CHINA
```
生産国（①　　　　　　　　）

手持ちの服（　　　　　　　　　　　）

生産国

価格
おおよそ
（　　　　　　　）円

ワーク2 近年、安価な服が大量に販売されているが、なぜ価格が安いのだろうか。以下の3つの観点から考えてみよう。

○生産地

昨今、日本の衣料の大半の生産地が日本ではなく、海外に委ねられており、（①　　　　　　）からの輸入が大半を占めている。

国	輸入総額（百万円）
米国	14
ミャンマー	16
インドネシア	17
バングラデシュ	17
インド	18
韓国	20
タイ	25
イタリア	58
ベトナム	104
中国	1,874

図3　2010年衣類輸入状況

出所：日本繊維輸入組合（JTIA）「衣類輸入状況」2010
（http://www.jtia.or.jp/toukei/2010/iruiex2010.pdf）より作成

○労働賃金

○流通のしくみ

SPA（製造販売アパレル小売業）が増加。卸売などの中間業者を省き、生産コストを（②　　　　　　）。

ワーク3 次の2つの記事は、カンボジアのスポーツウェアの縫製工場で働く労働者の生活や労働の様子について書かれているものである。労働条件などについて空欄にまとめてみよう。

ここでの平均的な仕事時間は、朝の7時から、夕方の4時までです。お昼に1時間の休憩時間があります。ほとんどの労働者が残業して6時まで働きます。残業をして稼がなければ、生活に必要なお金を得ることができないからです。労働組合はありませんが、何か問題があるときは、工場長に伝えることができます。

労働時間は、合計（③　　　　　）時間労働
労働賃金は、（④　　　　　　　　　　　　　）
労働組合は⑤（ある　・　ない）

私は、工場の寮で共同生活をしています。この工場は、このあたりの工場の中では比較的いいほうです。他の工場では、作業中に、暑さで気を失った人がいると聞いています。私の工場は扇風機があります。ただ、数か月前にある労働者が気を失ったことがありました。それは、十分に食べていなくて、弱っていたのです。

労働環境は、⑥（良い　・　悪い）。
なぜなら、（⑦　　　　　　　　　　　　　　　　　　　　　　　）

ワーク4 以下の①のグラフと②の文章を見て、衣類が安く流通した結果、日本の生産地と海外の生産地ではどのような変化が起こったのだろうか。

①繊維産業の製造品出荷額の推移と日本経済に占める比率

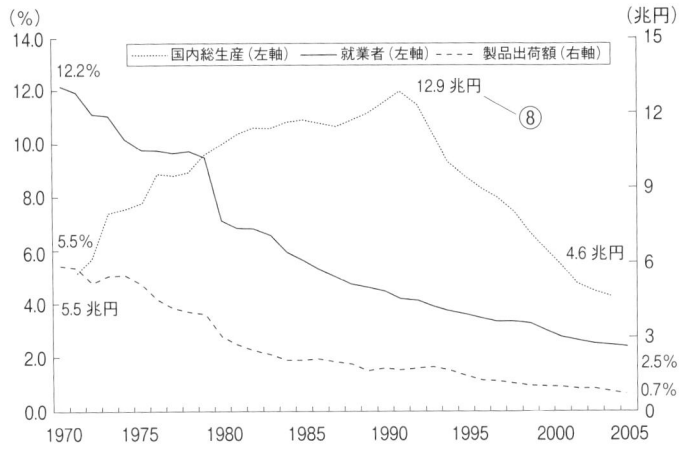

出所（経済産業省「今後の繊維・ファッション産業の現状等について」2009年）
http://www.meti.go.jp/committee/materials2/downloadfiles/g91204a05j.pdf

2005年における日本の繊維産業の製造品出荷額はピーク時の（⑧　　分の　　）程度まで減少。

国内総生産・就業者とも、経済全体に占める割合は（⑨　　　　）。

②海外の生産地

表　アジア主要国の繊維産業の賃金

国	平均労働賃金 (米ドル/時間)
バングラデシュ	0.28
中国(沿岸部)	0.85
インド	0.69
インドネシア	0.65
日本	22.69
パキスタン	0.42
ベトナム	0.46

新興国や途上国の間で人件費の安さに関する競争が激化している。特に縫製過程などの作業は,中国から,より労働賃金の(⑩　　　)ベトナムやバングラデシュへ移転する動きもある。

(経済産業省「今後の繊維・ファッション産業のあり方」2010年)http://www.meti.go.jp/press/20100426003/20100426003-4.pdf

出所：Werner International『Primary textiles labor cost comparisons 2007』より翻訳・作表

ワーク5　以下は,プレイフェアという取り組みについてのコラムです。この取り組みについて調べてみよう。

2012年ロンドンオリンピックの開催に合わせてプレイフェア2012(PLAY FAIR 2012)が提唱されています。このキャンペーンは,スポーツウェア産業で働く労働者の権利尊重を求めるものであり,不当な労働条件で働いている人々の権利が尊重され,労働者が健康や尊厳を損なわずに持続的に働けるように,「フェアなプレイ」を呼びかけています。

高校生もこのキャンペーンに参加できるみたい。大事な活動だと思うけど,実際に活動に参加するのは,ためらうな…。でも,どんなキャンペーンなのか気になるから,ホームページをチェックしてみよう。

不当な労働条件で働いている人々の状況を知ることや友だちに知らせることも,このキャンペーンに参加することになるんだね。ツイッターで発信してみようかな。

服を選ぶ基準やポイントについて考えてみよう！

ワーク6 あなたの衣生活についてチェックしてみよう。以下の項目で，あてはまるものに○をつけ，点数をグラフに記入してみよう。

	購入の基準・ポイント	とてもあてはまる	ややあてはまる	あてはまる	あまりあてはまらない	まったくあてはまらない
1	価格の安さを重視する 　バーゲンセール品や低価格衣料（ファストファッション）の利用など	5	4	3	2	1
2	ブランドや流行を意識する	5	4	3	2	1
3	環境に配慮する 　長く着用できる服を選ぶ，古着などの利用	5	4	3	2	1
4	品質を重視する 　素材，機能性，快適性，丈夫さなど	5	4	3	2	1
5	商品の情報を収集する 　購入前に商品についての情報を広告やインターネットなどで調べる	5	4	3	2	1
6	商品の生産過程の背景を考慮する 　商品が不当な労働や児童労働などによって作られていないかどうかなど	5	4	3	2	1

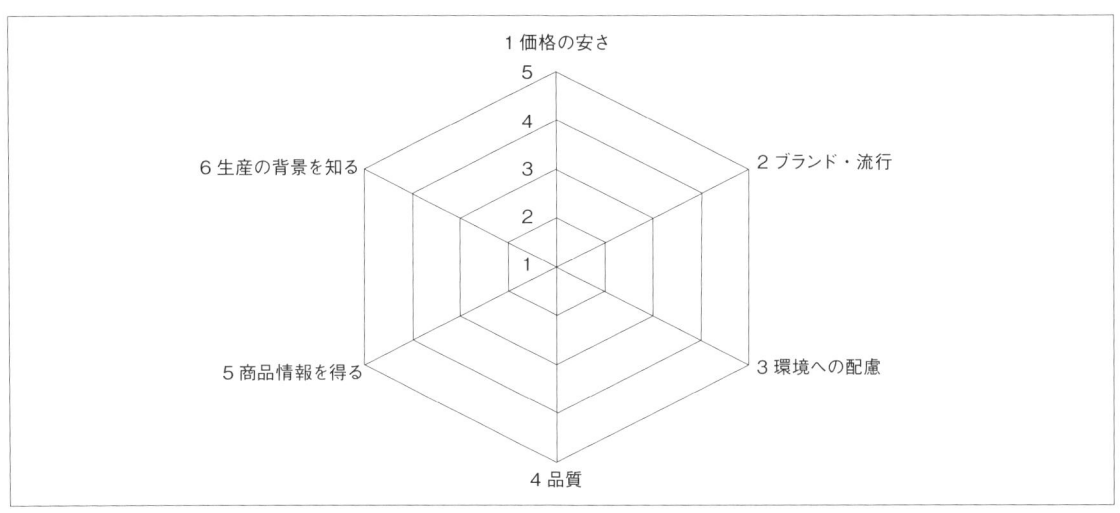

ワーク7 あなたはこれからの自分の衣生活で，どのようなことに留意していきたいと思っただろうか。

年　　　組　　　番　名前

発展例 3 住生活のマネジメントを考える

教材の位置づけ

一人暮らしを始めるための住宅探しについて、自分の収入に見合った住宅の選び方や賃貸住宅を契約するときにかかる費用を知る。そして、最近よく耳にする「ゼロゼロ物件」とはどういうものなのかを知り、人間らしく住まうことについて考える。

学習の展開

導入

1．一人暮らしを始めるときにどんな住宅に住みたいか発表する。

展開

2．物件A，Bから一人暮らしを始めるための住宅を選ぶ。【ワーク1】

> 物件A，Bの条件の違いを比べ，敷金，礼金の違いはなぜ生じるのか考え，自分だったらどちらを選ぶか理由とともに考え記入する。

3．契約時にかかる費用を知る。【ワーク2】

> 敷金，礼金，仲介手数料の意味について解説し，必要な生活用品をそろえるとさらに10～15万円は必要になることを補足する。

4．賃貸住宅を契約するために，ほかに必要なものがある。【ワーク3】

> プリントの（　）内に記入し，特に連帯保証人の役割を知る。

5．「ゼロゼロ物件」の落とし穴について理解する。【ワーク4】

> お金や連帯保証人がなくても借りられる物件「ゼロゼロ物件」が多数あり，それを借りた場合にどういうことが起きるか，その落とし穴を事例を通して理解する。

まとめ

6．住宅を借りるときには，どのようなことを留意しなければならないか意見を出し合う。【ワーク5】

解説・補足・教師用資料

1. 住宅情報は，駅やコンビニに無料で置かれたり，毎週発売される雑誌，またインターネット検索などから，たくさん入手できる。実際にどのような記述がされているのか確認させるとイメージがわきやすい。
2. 一人暮らしを始めるために必要な生活用品について，どのようなものが必要でどれくらいの費用がかかるのか，新聞の折り込み広告やカタログ，インターネットの情報などを使って確認させると具体的に理解できる。グループで資料をもとに計算させるとよい。
3. 「ゼロゼロ物件」について

    家賃は，同等の賃貸物件と比較して割高であることが多いのが現状である。この場合，連帯保証人は必要ないが，代わりに保証会社に家賃の半額ほどを払い，保証人になってもらうのが一般化している。そして，入居者が家賃を滞納すると保証会社が家賃を立て替えて，その後，保証会社が入居者から家賃を取り立てる。その際，違約金が上乗せされるのが通例である。敷金を支払っていればその分は滞納しても追い出されることはない。しかし，ゼロゼロ物件の場合，ほとんどの場合，1日でも家賃が遅れるとすぐに違約金が発生する。そして，漫画のような事態が発生し，最近は各地で訴訟にまでなっている場合がある。国土交通省もゼロゼロ物件に対する規制強化や契約書の見直し，紛争防止策などの検討に入っている。

    私たちが「ゼロゼロ物件」をつかまされないようにするためには，礼金・敷金ゼロのほかに，余分な費用がかからないか確認し，家賃は契約期間単位で比較する必要がある（少なくとも1年間，2年間単位での比較が重要）。契約内容は，必ず確認し，不明な点など，納得がいかない場合は，納得がいくまで確認することが大切である。

    参考：「ゼロゼロ物件等をめぐる相談等の実態調査報告」（国土交通省）http://www.mlit.go.jp/common/000033068.pdf

4. 「ゼロゼロ物件」の事例を通して，「貧困を固定化するビジネス」である貧困ビジネスについて理解する。そして，このような問題を解決するためには一人で悩まずに誰かに相談することが大切である。

    参考：「反貧困ネットワーク」http://www.k5.dion.ne.jp/~hinky/madoguchi.html#housefood

ワークシートの解答例

ワーク2　①敷金，貸主　②礼金，お礼　③仲介手数料，不動産業者，1か月分
ワーク3　①住民票　②運転免許証，健康保険証　③収入　⑤印鑑　⑥承諾書
ワーク4　ゼロゼロ物件

発展例ワークシート ③ 住生活のマネジメントを考える

月収手取り20万円の賃貸住男さんが一人暮らしを始めるために、住宅情報誌で部屋探しをします。

ワーク1 次の物件を借りるために、はじめにいくらの契約一時金が必要だろう。

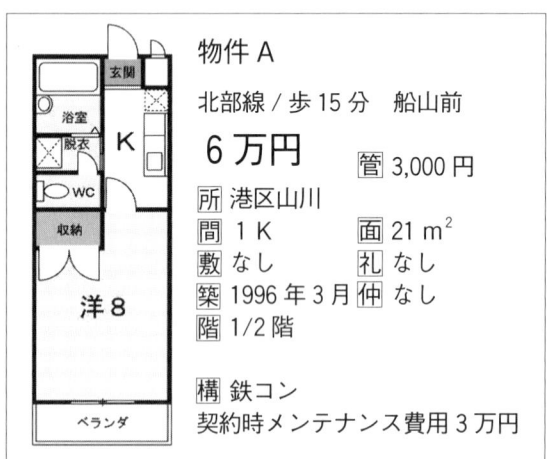

物件A
北部線／歩15分　船山前
6万円　管 3,000円
所 港区山川
間 1K　面 21 m²
敷 なし　礼 なし
築 1996年3月　仲 なし
階 1/2階
構 鉄コン
契約時メンテナンス費用 3万円

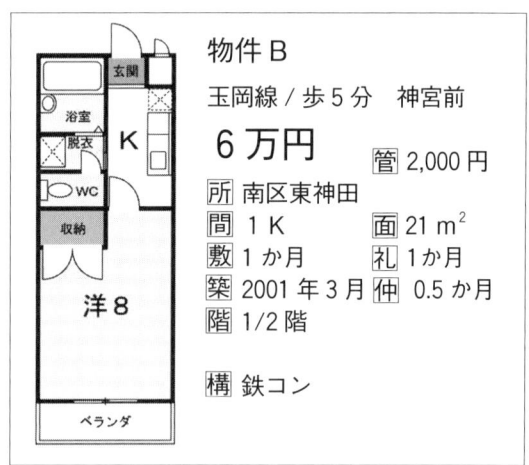

物件B
玉岡線／歩5分　神宮前
6万円　管 2,000円
所 南区東神田
間 1K　面 21 m²
敷 1か月　礼 1か月
築 2001年3月　仲 0.5か月
階 1/2階
構 鉄コン

	物件A	物件B
1か月の家賃		
管理費		
敷　金		
礼　金		
仲介手数料		
その他		
合　計（契約一時金）		

◎さて、あなたが住男さんならどちらを選びますか…物件（　　　）を選ぶ

理由は

ワーク2 契約のときにかかる費用とは

① （　　　　）……家賃の滞納などを担保するため、また退却時の修繕費用として（　　　）に預けるもの。

② （　　　　）……地域の慣習で貸主への（　　　　）の意味で行われており、返還されない。

③ （　　　　　）……仲介した（　　　　　　）に支払われる手数料で、貸主と借主から合わせて家賃の（　　　　）以内と法令で定められている。

◎入居する際には、生活用品や電気製品、家具などをそろえる初期費用も10〜15万円必要になる。

ワーク3　賃貸住宅を借りるときに必要なもの

① (　　　　　　　　)　②身分を証明するもの　(　　　　　　　)　(　　　　　　　)　など
③ (　　　　　　　　　　) を証明する書類　④契約一時金　⑤ (　　　　　　　　　　)
⑥連帯保証人の (　　　　　　　　　　)

◎連帯保証人とは……契約者と同等の返済義務が生じる。

ワーク4　契約一時金がなかったら，連帯保証人がいなかったら，家は借りられないの？

　実は，家を借りるだけの契約一時金がなくても，連帯保証人がいなくても家を貸してくれるところがあります。敷金ゼロ，礼金ゼロ，連帯保証人なしで入居できるので，(　　　　　　　　　　) と呼ばれます。

敷0、礼0！物件多数あり

↓

住男さんは，敷金も礼金もいらないから「ラッキー」と思ってゼロゼロ物件を借りました。

↓

数か月後……

　住男さんは足を骨折したため，アルバイトに行けなくなりました。それで，給料が入らず，振り込み期日までにアパートの家賃を払うことができなくなりました。
　そこで，家賃の支払いを少し待ってもらえるようにお願いをしていますが……

ゼロゼロ物件の落とし穴

家賃が1日でも遅れると……

・違約金を支払わなければならない。

・強制的に鍵を交換し，出張交換料の名目で高額な費用を取り立てる。

・賃借人の家財道具を返還しない。

・敷金がないかわりに退去時に高額な現状復帰費用を請求される。

ワーク5　住宅を借りるときの留意事項をまとめよう。

(　　　　　　　　　　　　　　　　　　　　　　　　　　　　　)

年　　　組　　　番　　名前

教材2 クレジットと多重債務
〜もしあなたが多重債務に陥ったら〜

教材の位置づけ

本教材はその利便性ゆえに現代の生活には欠かせないツールとなっているクレジットのメリット，デメリットへの理解を促し，クレジットを計画的に利用できるようにするとともに，万一多重債務に陥ってしまったとき，生活再建のためにどこに相談し，どのような解決方法があるのかを理解する。

用意するもの

会員カード，ポイントカード，プリペイドカード，キャッシュカード，クレジットカード等

学習の展開

導入

1. 何種類かのカードを見せ，カードの違いを確認しながらクレジットカードがどれかを確認する。

展開

2. クレジットのしくみを理解する。
    (1) クレジットのしくみ【ワーク1】
    (2) 返済方法の違いによる手数料の知識【ワーク2】
    (3) クレジットのメリット，デメリット【ワーク3】
    (4) 高額な商品をどうやって手に入れる？【ワーク4】
    (5) もし多重債務に陥ったら？【ワーク5】

3. クレジットと多重債務を学んだ感想を記入する。【ワーク6】

まとめ

4. 本時の学習内容を確認する。
    (1) クレジットのしくみとメリット，デメリット
    (2) さまざまな分割払いの方法と手数料の関係
    (3) 多重債務の対処法

解説・補足・教師用資料

　いまやクレジットカードの発行枚数は平成23年3月末時点で3億枚を超え[1]，成人人口1人当たりの保有枚数は平均で3.1枚となっている。しかし，現金がなくてもほしいものやサービスがすぐに手に入る代金後払いのクレジットは，一方では多額の借金をかかえるリスクも孕んでいる。消費者金融の貸付残高は，2012年3月現在，約13.4兆円にのぼり，多重債務者47万人の平均借入残高は209万円になっている（表1）。その主な借入理由は借金返済と収入の減少となっており（図1），ここに昨今の若者の不安定就労者増加に伴う収入減少があり，その結果消費者金融に頼って生活するという構図が見てとれる。因みに2008年の統計では破産申し立て者の3分の1が20歳代と30歳代の若者で占められている[2]。消費者金融利用者の借入れ理由をみると，はじめの頃に比べ，返済が困難になった時期は借金返済，収入の減少が多くなっている。

1) 社団法人日本クレジット協会　http://www.j-credit.or.jp/index.html
　　平成23年11月15日　クレジットカード発行枚数調査結果（発表 平成23年11月15日）
2) 日本弁護士連合会消費者問題対策委員会「2008年破産事件記録調査」

表1　多重債務の現状

消費者金融貸付残高	約13.4兆円
消費者金融利用者	約1,900万人
消費者金融5社以上の利用者	約47万人（平均借入残高約209万円）

㈱日本信用情報機構（2012年3月現在）各種統計データ
登録の状況（2）貸金業法対象情報　①登録情報数より抜粋

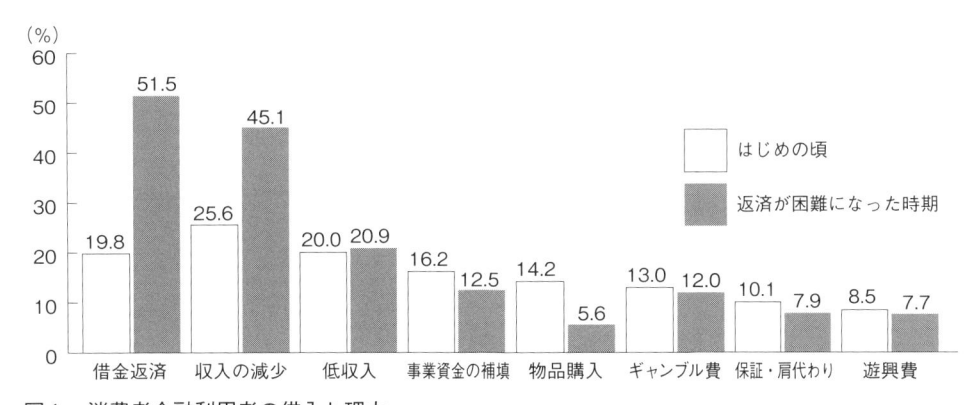

図1　消費者金融利用者の借入れ理由

	はじめの頃	返済が困難になった時期
借金返済	19.8	51.5
収入の減少	25.6	45.1
低収入	20.0	20.9
事業資金の補填	16.2	12.5
物品購入	14.2	5.6
ギャンブル費	13.0	12.0
保証・肩代わり	10.1	7.9
遊興費	8.5	7.7

国民生活センター「多重債務問題の現状と対応に関する調査研究」（2006年）

債務の処理方法

A：**任意整理**……弁護士を代理人として（本人でも可）返済計画案を提示し，債権者と交渉して負債を整理する。

B：**特定調停**……支払い不能に陥る恐れのある債務者が簡易裁判所に申し立てて，調停委員を介して債権者との話し合いで返済計画案を決定していく。

C：**個人再生**……負債額が5,000万円以内（住宅ローン等を除く）で定期的に収入が見込める場合等の条件を満たす場合に適用され，債務を1／5程度に減じて債務の整理ができる。

D：**自己破産**……債務者自らが裁判所に破産の申し立てを行い，支払い不能との認定がなされれば破産宣言され，債務（借金）が免除になる。

詳しくは「知るぽると」金融広報中央委員会（http://www.shiruporuto.jp/finance/trouble/saimu/index.html）参照

ワークシートの解答例

ワーク1	①現金	②後払い	③信用力
	④支払い能力	⑤クレジットカード	
	⑥使いすぎる	⑦信用調査・カード発行	
	⑧立替代金の引き落とし	⑨代金立替払い	
ワーク2(1)	C：リボルビング	キャッシング	
(2)	C：リボルビング		
(3)	①7,497円	②107,497円	
ワーク3	①分割して支払う	②使いすぎる傾向がある。	
	③　高い手数料		
ワーク5(2)	①消費生活センター	②日本司法支援センター	

【参考文献】

『クレジット消費者金融のトラブルが解決できる』石原　豊明著　自由国民社
『きみはリッチ？』『きみはリッチ？指導書』知るぽると　金融広報中央委員会
日本銀行サービス情報局　知るぽると　http://www.shiruporuto.jp/

ワークシート ② クレジットと多重債務
～もしあなたが多重債務に陥ったら～

1. クレジットって知っている？

ワーク1 空欄に当てはまる語句を語群より選び記入しよう。

クレジットは，手元に（①　　　　　　）がなくても簡単に物を購入したり，お金を借りたり（キャッシング）できます。しかし，それは物を購入するとき代金を（②　　　　　　）で購入したり，お金を借りたりする，つまり借金をするということです。では，なぜクレジットで後払いやキャッシングができるのでしょう。

クレジットとは消費者信用のことです。

つまり消費者信用とは，消費者の（③　　　　　　）によって貸し手が資金を融通するしくみのことです。つまり，貸したお金に対する（④　　　　　　）があるという信頼に基づき代金の支払いを後払いにできるのです。

このクレジットを利用しやすくしたのが，（⑤　　　　　　　　　）です。このカードを提示してサインをするだけで商品の購入やキャッシングができます。しかし，手軽に利用できるだけに（⑥　　　　　　）というリスクもあります。

クレジットのしくみ（三者間取引の場合）はどうなっているのでしょう。
□は契約の流れの順序を示す

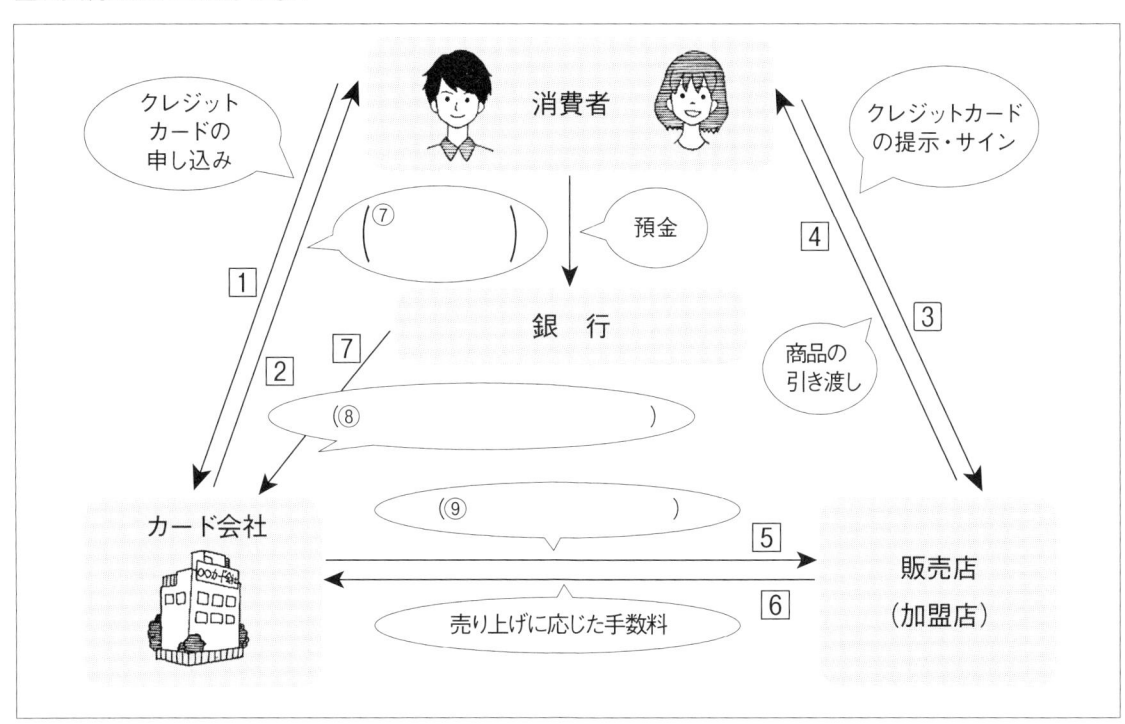

```
        クレジット                           クレジットカード
        カードの       消費者                の提示・サイン
        申し込み    ↗      ↖
                  ↗          ↖
                 (⑦　　　)  ↓預金     ④
                 1              銀　行        3
                 ↓       2    ↗   7          ↓
              カード会社  (⑧　　　　　　　)    商品の
                        (⑨　　　　　　　)    引き渡し
                          ─────5────→
              カード会社  ←────6────  販売店
                         売り上げに応じた手数料  （加盟店）
```

【語群】　クレジットカード　信用調査・カード発行　信用力　使いすぎる　後払い
立替代金の引き落とし　代金立替払い　現金　支払い能力

ワーク2 返済方法の違いによる手数料率に関して(1)〜(3)の問に答えなさい。

返済方法	利用区分	手数料(注1)
A：一括払い 支払い代金を翌月または翌々月に一括払いする。	ショッピング	なし
	キャッシング(注2)	4.6%〜18%
B：分割払い 2か月以上にわたり3回以上に分割して支払う。	ショッピング	13%前後
	キャッシング	9%〜18%
C：リボルビング 利用残高が利用限度額内であればクレジットで何度でも購入が可能。 返済方法が定額リボルビングの場合は毎月の返済額が借入残高にかかわらず定額。	ショッピング	15%前後
	キャッシング	15%〜18%

(注1) 手数料はさまざまな条件によって異なるため、ここにあげた利率は参考例である。
(注2) キャッシング：商品の購入ではなくカードで現金を融資してもらうための機能。

(1) A〜Cのうち最も手数料が高いのは、どれのどの場合ですか。
（　A：一括払い　　B：分割払い　　C：リボルビング）の（ショッピング　キャッシング）

(2) ショッピングの場合ではどの支払い方法が最も手数料が高いですか。
（　A：一括払い　　B：分割払い　　C：リボルビング）

(3) 下記の「リボルビングの返済方法の一例」の空欄に当てはまる語句を入れなさい。
10万円の買い物を年利15％のリボ払いにして、月々1万円ずつ支払うと、11か月後の手数料の合計は
（①　　　　　　　）円。支払いの合計額は（②　　　　　　　　　）円になります。あなたにとって、この手数料（利息）は高いですか？それとも安いですか？（　　　　　　　　　　　　　　　　）

【利息と元金残高の計算方法】
1回目　　最初の月の手数料　100,000円 × 年利0.15 ÷ 12か月 ＝ 1,250円
　　　　　元金充当額　　　　10,000円 － 1,250円 ＝ 8,750円
　　　　　元金残高　　　　　100,000円 － 8,750円 ＝ 91,250円

支払い回数	支払い額	支払い元金	手数料/利息	元本残額					
1	10,000	8,750	1,250	91,250	7	10,000	9,428	572	36,401
2	10,000	8,860	1,140	82,390	8	10,000	9,545	455	26,856
3	10,000	8,971	1,029	73,419	9	10,000	9,665	335	17,191
4	10,000	9,083	917	64,336	10	10,000	9,786	214	7,405
5	10,000	9,196	804	55,140	11	7,497	7,405	92	0
6	10,000	9,311	689	45,829	合計	107,497	100,000	7,497	0

【参考】リボルビングの返済方法の一例
　　リボルビング：定額支払いによる返済例（利用金額100,000円，手数料・利率（実質年率15.00％））
　　　　　　　　　　　　　　　　　　　　　　　　　利息計算は原則日割りであるがここでは簡略化してある。

ワーク3 クレジットのメリット, デメリットについて空欄に当てはまる語句を入れなさい。

メリット	デメリット
・現金が手元になくても商品やサービスを受け取ることができ, 代金を後払いで（①　　　　　　）ことができる。 ・クレジットカードを作れば複数のクレジット契約を1枚のカードで簡単に済ませることができる。 ・家計に合わせ返済方法の選択ができる。	・現金がなくても購入できるので（②　　　　　　　　　）。 ・分割払いやリボルビング, キャッシングは（③　　　　　　　　　）が発生する。

ワーク4 もしあなたが, 高額な商品を買いたいと思ったときはどうやって手に入れるか？

(　　　　　　　　　　　　　　　　　　　　　　　　　　　　　　　　　　　)

2. もしあなたが多重債務に陥ったら！

ワーク5 以下の文を読んで, (1), (2)の問に答えなさい。

　Aさんは25歳の派遣社員。手取り収入は14万円ですが, 先日クレジットカードを2枚作りました。これで80万円のバイクを購入し, 月3万円で32回のリボルビング払いとしました。ところが体調を崩して入院し働けなくなったので, すぐに返すつもりでサラ金から15万円を借りてクレジットの支払いと生活費の補充にあてました。しかしその後も体調が優れず, 何件かのサラ金からお金を借りるということを繰り返した結果, 借入額は200万円に膨れ上がってしまいました。

(1) こんなとき, あなたならどのようにしますか？
　(　　　　　　　　　　　　　　　　　　　　　　　　　　　　　　　　　　　)
(2) トラブルが起きたときの相談先はどんなところがあるでしょうか。
　　(①　　　　　　　　　　　　　　)〈各自治体にある〉:相談は無料
　　(②　　　　　　　　　　　　　　　　)〈法テラス:各県に置かれている〉:相談は無料
　日本クレジットカウンセリング協会:相談は無料,
　弁護士会・司法書士会:有料だが無料相談も行われている。

ワーク6 クレジットと多重債務の感想

　　　年　　　組　　　番　　名前

多重債務の整理事例

COLUMN 1

さいたま市在住の45歳Cさんは，8年前に離婚し自力でお子さん（長男）を養育していました。Cさんは会社の事務員として働いていましたが，会社の業績悪化に伴い給料が下がりました。

子どもの教育費もかかるようになっていましたので，不足する分をクレジット会社から借入し始めました。そのうち，賞与がカットされてしまい，消費者金融も利用するようになりました。その結果，月の返済が10万円近くになり，借りては返す自転車操業に陥りました。平成22年の改正貸金業法の施行により，これ以上の借入ができなくなって，たちまち返済が滞りました。毎日，督促の連絡にビクビクして夜も寝られなくなりました。

【借金の総額と司法書士との任意整理方法】

債権を整理した結果，借り入れて間がないものは，ほとんど減りませんでしたが，債務がなくなって過払いになったものもありました。債務が以下のようになりました。2社が過払になり，戻り金で2社分を完済しました。残ったのは2社でしたが，毎月1万円ずつを60回で返済する和解が成立し，返済を続けています。

会社名	取引期間	債務整理前の借金の残高	債務整理後の借金の残高
A社：クレジット会社	約6年	70万円	△30万円の過払いがありました。
B社：クレジット会社	約6年	50万円	△20万円の過払いがありました。
C社：クレジット会社	約5年	50万円	35万円：ショッピングがメインでしたので，さほど減額にはなりませんでした。
D社：消費者金融	約3年	40万円	30万円：減額になりました。
E社：消費者金融	約2年	20万円	20万円：法定利息取引だったので減額になりませんでした。
F社：消費者金融	約1年	20万円	20万円：法定利息取引だったので減額になりませんでした。
合計		250万円	借入残高が2社で55万円まで整理されました。

http://www.akabane-h.net/activity.html#case1
A法律事務所：K先生の解決法

第2章

セーフティネットを保障する暮らし方・働き方を考える

教材3 **社会保険ゲーム**（25歳単身版）

教材の位置づけ

私たちの生活の中に突然起こるさまざまなリスクにどのように対応していけばいいのか。25歳単身者の場合を想定して公的保険である「社会保険」の場合で考える。（介護保険を除く）

用意するもの

・「社会保険ゲームイベント一覧」（拡大し掲示でも可）
・トランプ（トランプとイベント一覧のマークと数字がリンクしている）

学習の展開

導入

1. けがや病気，失業，高齢期の収入減少などのリスクに対応する保険にはどのようなものがあるかをあげ，本時では公的な保障としての社会保険について学ぶことを知る。

展開

2. 社会保険ゲームに取り組む。【ワーク1】
  1人でも行っても，グループで取り組んでもよい。

  1）トランプを引き，「イベント一覧」からマークに対応したイベントを確認し，必要金額を記入する。
  2）用意したトランプを引き終わったところで収支を計算し，残った金額を12か月で割って，生活費として使える1か月の費用を算出する。
  3）この費用で1か月生活できるかどうかを考え，考察欄，感想欄に記入する。

3. 考察と感想を発表する。【ワーク2・3】

まとめ

4. 社会保険加入の有無による保障の違いから社会保険の重要性を認識し，セーフティネットのあり方を考える。

解説・補足・教師用資料

　この教材は，近年大きく問題となっている公的年金制度をはじめとする「社会保険」について学ぶものである。

　授業を行うにあたっては，民間の生命保険や障害保険等とは異なる強制加入の公的保険であることを押さえる必要がある。

　社会保険には，年金保険，医療保険，雇用保険，労働者災害補償保険，介護保険があるが，ここでは介護保険を除く4つの保険に焦点をしぼって学んでいく。これらの保険は，セーフティネットとして重要であるにも関わらず，近年は非正規雇用者をはじめとして，この保険に未加入であったり保険料が払えなかったりして，この保険で救済されない人々が増加していることが問題となっている。

　ここでは社会保険の重要性と現状への理解を促し，今後どのような保険制度を構築していくのかを考えたい。

　生徒は社会保険に関しては興味・関心が薄く，名前は聞いたことがあるものの何を保障するものかあまり知らないのが現状である。この教材を通して，社会保険への加入の有無が将来の生活を大きく左右することを学び，社会保険への興味・関心を喚起させたい。

【授業の進め方】

1．まず，導入として生徒へ長い人生の中にはどんなリスクがあるか，また，そのリスクにはどのような対処法があるかの問いかけを行い考えさせる。（太字が授業で扱う部分）

　例：リスク　**病気やけが（勤務に関わって・勤務外），収入を失う・収入が減る（退職，失業，病気）**，大切な人との死別，詐欺や災害に遭う等

　　　対処法　個人の努力や親しい人からの援助（貯蓄や親からの経済的支援等）
　　　　　　　保険に加入しリスクを回避する。（公的保険，民間の生命保険等）
　　　　　　　公的機関の社会福祉政策（保育所，生活保護など）

2．このようなリスクに対処するための保険にはどんな種類があるかリストアップする。

　例：**社会保険（該当する国民は全員加入が原則）：年金保険，医療保険，労働保険（雇用保険，労働者災害補償保険），介護保険**

　　　民間の保険（加入任意）：生命保険，年金保険，ガン保険，交通災害保険等

　　　（参照：「教材⑤　社会保障制度○×クイズ」〈発展教材〉図1　私たちの生活を支える社会保障）

【留意事項】

・社会保険の加入状況はさまざまであるが，今回，正規雇用は社会保険に加入，非正規雇用は未加入として話を進める。

・イベントカードの♣「社会保険」（全員適用）は6枚とも使用し，♥の臨時収入のカードは必要に応じて1～4枚の間で折り込む。

- ♥の臨時収入のカードは「引いた生徒のみ適用」または「引いた生徒のいる列のみ適用」など必要に応じて設定できる。
- 生徒はプリントに正社員とフリーター両方の記述を行う。両方とも記入したほうが，保障の違いがよりはっきりするからである。しかし，正社員役とフリーター役に分かれてやることもできる。その際はフリーター役を多くしたほうが意見が活発に出る。

3. ワークシートとイベント一覧を配布する。
4. 生徒にトランプを引かせ，イベント内容を「イベントカード」で確認してプリントにトランプのマークと数字，イベントカードの金額を記入する。

    【留意事項】生徒が引いたカードは内容をゆっくり読み上げ，どのような保障があるのかをしっかり理解させることが重要である。

5. カードをすべて引き終わったところで手取り年収も加えて収支を算出し，それを12か月で割って，1か月の生活費を出す。(拡大した表を利用するとよい)
6. この生活費で1か月の生活ができるか考えさせて記入させる。
7. まとめ

(1) 何人かの生徒またはグループに感想や考えたことなどを発表させる。
(2) 社会保険加入の有無による保障の違いを確認し，現状のセーフティネットのあり方でよいのかを投げかけて感想を記入させる。

ワークシートの解答例

社会保険カードのうち♣1〜4のみを使用した場合

	トランプのマーク・数字	A：正社員(民間会社) 収入	支出	B：フリーター 収入	支出
		手取り年収 約2,842,000		手取り年収 約1,473,000	
1回目	♣1	0	0	0	45,000
2回目	♣2	230,000	0	0	390,000
3回目	♣3	1,742,000	0	0	0
4回目	♣4	0	85,000	0	930,000
収入と支出の合計		収入合計a 4,814,000	支出合計b 85,000	収入合計c 1,473,000	支出合計d 1,365,000
ゲームの収支		(a−b)	4,729,000	(c−d)	108,000
1か月の生活費			394,083		9,000

生徒の反応や感想

- フリーターと正社員の格差が大きすぎる。今の時代，頑張っても正社員になれるかわからないのに。
- フリーターは"今"の生活が苦しいだけでなく，将来の展望ももてない。

社会保険ゲームイベント一覧

社会保険カード（全員に適用）

	イベントの内容	あなたの負担	
♣1　全員 労働保険： 　労働者災害 　補償保険	コンピュータを移動しようとして腰を痛めてしまい，通院し5日間の自宅療養になりました。治療費は10,000円でした。	A：正社員 治療費0円。「労働者災害補償保険」より後日，治療費が全額戻る。	0円
		B：フリーター 治療費10,000円。全額自己負担。5日分の収入減35,000円	−45,000円
♣2　全員 労働保険： 　雇用保険	景気が悪くなり会社のリストラで失業。しかし，新しい仕事が見つかり一安心！雇用形態や，給与なども以前とほぼ同じです。	A：正社員 3か月分の収入約920,000円減。退職金が600,000円。雇用保険の基本手当約550,000円の給付。	+230,000円
		B：フリーター 3か月分の収入減。退職金なし。（雇用保険未加入なので基本手当はない）	−390,000円
♣3　全員 年金： 　障害年金	23歳のときに交通事故に遭い，1級の障害が残って障害者手帳をもらった。	A：正社員 障害基礎年金＋障害厚生年金が支給される。	年額：約 +1,742,000円
		B：フリーター 障害基礎年金は支給されない。	0円
♣4　全員 医療保険	階段から転倒し骨折。手術後入院と自宅療養を合わせて1か月の療養が必要とのこと。医療費は800,000円。会社を1か月休むことになりました。	A：正社員 健康保険の適用を受ける。高額療養費扱いで約85,000円の自己負担。年休20日を使って休む。（注1）	−約85,000円
		B：フリーター 医療費800,000円全額自己負担。欠勤1か月で収入減。	−930,000円
♣5　全員 労働保険： 　雇用保険	高度なパソコン操作を学ぶため学校に短期で通うことになりました。費用は300,000円です。	A：正社員 雇用保険の教育訓練給付金から2割補助が出ます。	−240,000円
		B：フリーター 全額自己負担。	−300,000円
♣6　全員 労働保険： 　労働者災害 　補償保険	通勤途上自転車で転倒，救急車で病院に運ばれました。いろいろ検査をした結果，50,000円かかりました。	A：正社員 労働者災害補償保険が適用され自己負担なし。	0円
		B：フリーター 検査費50,000円。全額自己負担。	−50,000円

（注1）高額療養費の自己負担額：一般（被保険者の標準報酬月額が53万円未満）：（10割相当医療費−267,000円）×1%+80,100円

ラッキーカード（カードを引いた個人またはそのグループに適用）

♥1　個人	残業が続いたので収入がアップしました。		A：正社員	+50,000円
			B：フリーター	+10,000円
♥2　個人	売り上げの向上に貢献しボーナスがつきました。		A：正社員	+10,000円
			B：フリーター	0円
♥3　個人	休日出勤により，収入が増えました。		A：正社員	+30,000円
			B：フリーター	0円
♥4　個人	会社の業績が上向きボーナスがアルバイトにも出ました。		A：正社員	+50,000円
			B：フリーター	+10,000円

ワークシート ③ 社会保険ゲーム（25歳単身版）
ここで扱うのは民間の保険ではなく，国の制度としての社会保険です。

多くの場合，正社員は社会保険に加入しており，フリーターは加入していないことが多いので，社会保険の加入・未加入の違いによって保障がどのように異なるか体験してみましょう。

本人				メンバー			
年	組	番	名前	年	組	番	名前
メンバー				メンバー			
年	組	番	名前	年	組	番	名前

ワーク1　イベントカードに書かれた金額を記入しよう。
収入・支出内訳表
（イベントカードに，金額に＋がついているときは収入欄に記入する）単位：円

		A：正社員（民間会社）		B：フリーター	
		収入	支出	収入	支出
	トランプの マーク・数字	手取り年収 約2,842,000		手取り年収 約1,473,000	
1回目					
2回目					
3回目					
4回目					
5回目					
6回目					
7回目					
8回目					
収入と支出の合計		収入合計 a	支出合計 b	収入合計 c	支出合計 d
ゲームの収支： 収入－支出（円）		（a－b）		（c－d）	
1か月分の生活費 （12か月で割る）					

●参考　注：フリーターは，社会保険料を払っていない場合を想定している。

（単位：円）

			A：正社員（民間会社） 3,701,136（月収308,428）		B：フリーター 1,560,000（月収130,000）	
年収総額						
控除費用	税金	所得税		83,140		58,000
		住民税		134,700		29,000
	社会保険	医療保険	健康保険	230,644	国民健康保険	（払わない）
		年金	厚生年金	392,486	国民年金	（払わない）
		雇用保険		18,335	加入していない	（払わない）
		労働者災害補償保険	全額事業者負担		事業者が加入していない※	

※雇用形態に関わりなく，労働者であればすべての人が労災保険の適用を受けることができる。本来ならば，労働者を一人でも雇用する事業所は労災保険に加入しなければならない。

ワーク2　考察：この残った金額で暮らすとしたらどんな暮らしになるだろうか。

ワーク3　感想

年　　　組　　　番　　名前

教材4 ワーキングプアとセーフティネットについて

教材の位置づけ

日本の非正規労働者の実態を知り，オランダの実態と比較して日本の非正規労働者の問題点とその解決策を探ることを目的としている。

学習の展開

導入
1. 身近にいる非正規雇用者の生活を想像してみる。

展開
2. 資料①を読み空欄を埋める。【ワーク1】
3. 非正規雇用者のセーフティネットについて考えたことを書いて発表する。【ワーク2】
4. 資料②オランダの非正規雇用者の実態について知り，「フレキシキュリティ」について空欄を埋める。【ワーク3，4】
5. 日本とオランダの日本とオランダの非正規雇用者の違いを書いて発表する。【ワーク5】

まとめ
6. 日本の非正規雇用者の問題を解決する方法を考え意見を出し合う。【ワーク6】

解説・補足・教師用資料

1．導入の問いかけ

　生徒は，日々のニュースやドラマ，本などを通じてフリーターとはどんな生活をしている人たちなのか，ある程度は知っているであろう。フリーターという働き方のよい点やよくない点をあげさせ，どんな生活になるか想像させる。

2．日本の非正規労働者の現状とオランダの労働形態

　日本では，非正規労働者が，若者を中心に労働者の3割を超えた。収入が不安定なだけでなく，健康保険や雇用保険などのセーフティネットが十分保障されず，いったん病気や失業になると生活が成り立たなくなるケースが続出している。また，再就職のための職業訓練もさまざまな制約があり簡単には受けられない現状がある。欧米諸国でも，厳しい国際競争に

巻き込まれた企業が"非正規"社員を増やし，問題となってきた。そんな中，ヨーロッパでは「フレキシキュリティ」という企業側の解雇規制の緩和と同時に，手厚い失業対策を講じる政策が生まれた。オランダでは1999年に「柔軟と安定性に関する法」＝フレキシキュリティ法を施行し，一定期間（1年半～3年間）就業した派遣労働者には，正規労働者として雇用契約を結ぶ権利を保障した。また，就業者の4割弱，女性では6割が，週30時間未満のパートタイムで働いているなど労働時間を選択する自由度が極めて高く，ライフ・ステージに応じて働き方を調整することで，生涯にわたって労働市場に参加しやすい社会を形成している。この方法が文化や歴史，経済規模が異なる日本で，どこまで有効か未知数な面も多いが日本の現状に合わせて取り入れていくことは可能である。日本の場合，第1に非正規の待遇を向上させること，第2に正社員の解雇規制を緩和すると同時に長時間労働などの拘束を弱めること，第3に失業給付などセーフティネットを手厚くして職業能力開発とセットにすることだ。その際，正社員の解雇規制緩和だけを先行させないなど政策の順番も慎重に考えるべきである。

週刊東洋経済編集部「デンマークとオランダが先鞭　EUが目指す『黄金の三角形(フレキシキュリティ)』」『週刊東洋経済2008年10月25日号』東洋経済新報社，2008，p.50, 51

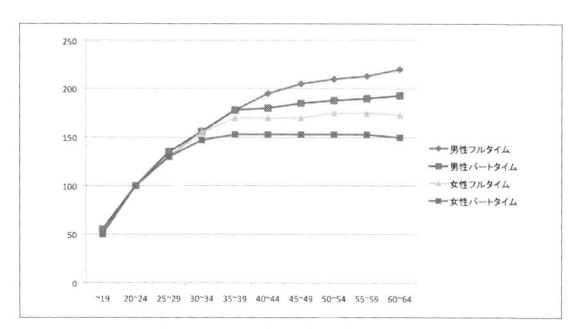

図1　オランダにおける常用労働者の時間当たりの賃金
（2005年）
注）20～24歳のフルタイム労働者＝100　フルタイムパートタイムとも常用労働者　（権丈英子氏作成をもとに若月作図）

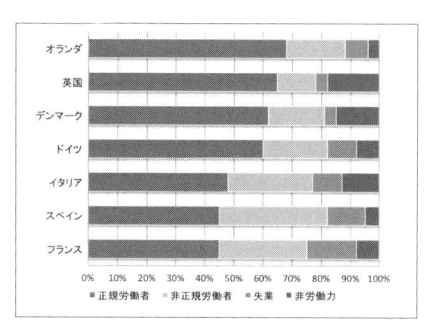

図2　1998年に非正規労働者であった者の3年後の就業形態
（権丈英子氏作成をもとに若月作図）

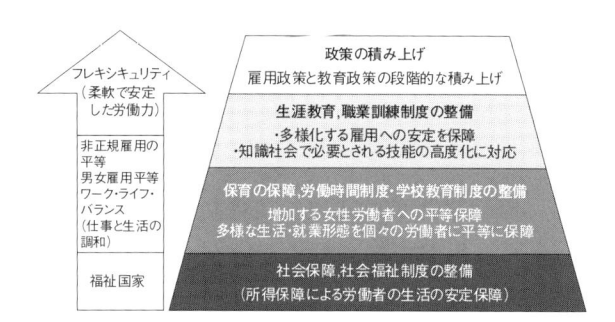

図3　フレキシキュリティ政策形成の概念
柳沢房子「フレキシキュリティ―EU社会政策の概念―」
『レファレンス　2009年5月』国立国会図書館，2009，p.102
（柳沢房子氏作成をもとに若月作図）

ワークシートの解答例

ワーク1　①②医療保険，雇用保険
　　　　　③社会保険　④生活保護　⑤ホームレス
ワーク3　①自由　②社会保障
　　　　　③④賃金，社会保障
　　　　　⑤職業訓練
ワーク4　ワークシェアリング

ワークシート④ ワーキングプアとセーフティネットについて

資料① 〈日本の非正規雇用者の実態　Aさん(21)の事例〉

　派遣社員として工場で働いていたが，契約の途中で突然解雇通告された。翌日には社員寮を出るように言われ，お金も住む家もなく途方に暮れた。本来なら，失業したときにもらえる失業給付でしばらくは生活できるはずだが，会社が**雇用保険**へ加入していなかったため，失業給付をもらえなかった。また，保険料が払えないため**医療保険**にも加入しておらず，体調が悪くなっても全額自己負担になるので，病院に行けなかった。結局，仕事も見つからず，頼る親や親戚がいないので，公園で生活するしかなく，**ホームレス**状態となった。**生活保護**の申請にも行ったが「若いんだから働きなさい」と断られ，生活保護を受けることはできなかった。

〈参考〉
　日本では，終身雇用が一般的で，国の代わりに企業が社員の生活保障の役割を果たしてきた。**社会保険**も正規雇用者を前提に作られたため，労働者の3人に1人が非正規雇用者となった現在，社会保障の網からはじき出される人々が急増している。

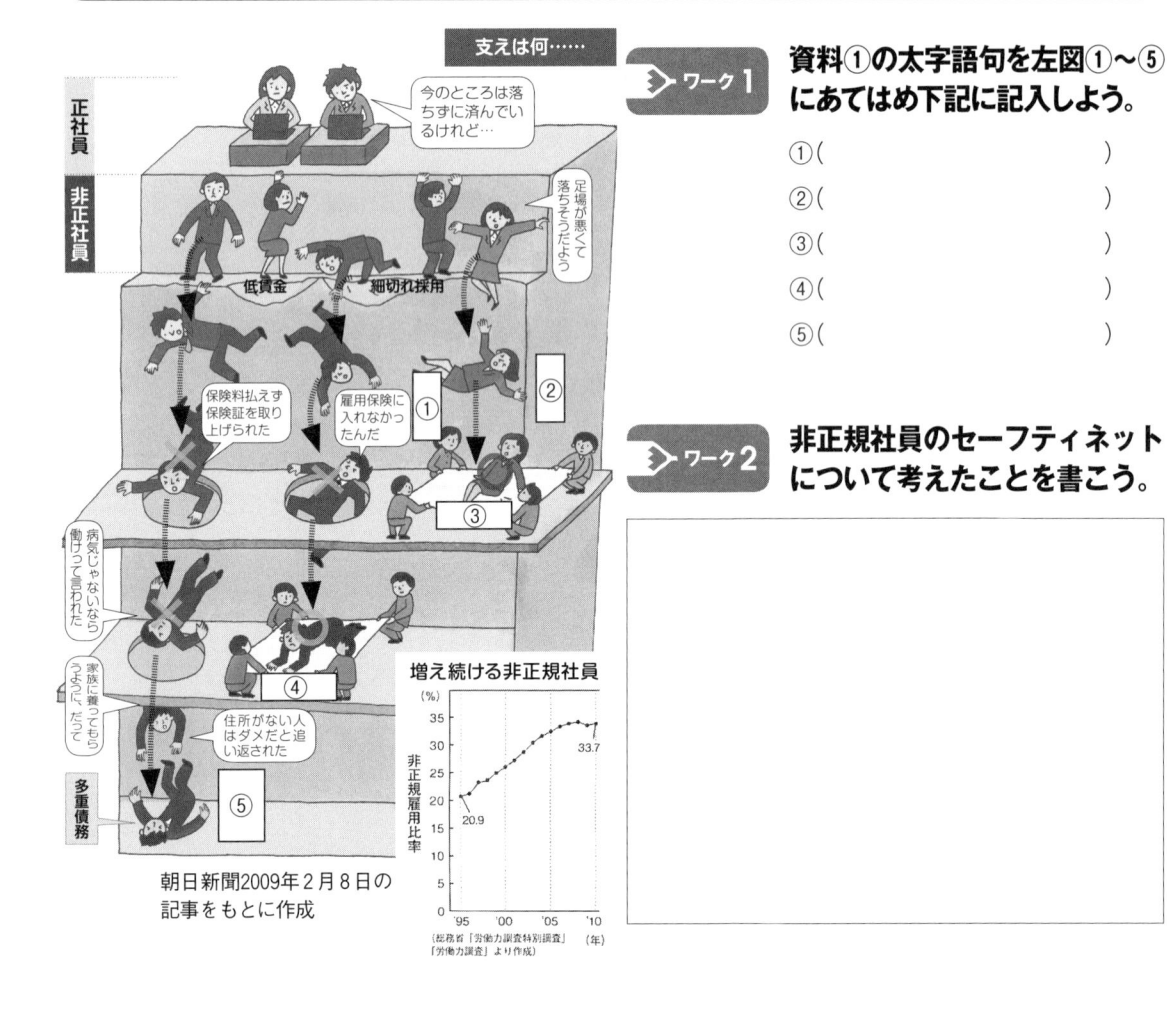

ワーク1　資料①の太字語句を左図①〜⑤にあてはめ下記に記入しよう。

①(　　　　　　　　　)
②(　　　　　　　　　)
③(　　　　　　　　　)
④(　　　　　　　　　)
⑤(　　　　　　　　　)

ワーク2　非正規社員のセーフティネットについて考えたことを書こう。

増え続ける非正規社員
非正規雇用比率
20.9 → 33.7
'95　'00　'05　'10（年）
（総務省「労働力調査特別調査」「労働力調査」より作成）

朝日新聞2009年2月8日の記事をもとに作成

ワーク3 資料②を読み，空欄にあてはまる言葉を入れよう。

資料② オランダでも2008年の経済危機で多数の派遣労働者が解雇された。しかし，派遣労働者の間に大きな混乱は見られなかった。その背景には，「フレキシビリティー＆セキュリティー法」などによって，十分なセーフティネットで守られていることがある。

「フレキシビリティー＆セキュリティー法」(1999年　オランダ)

企業には労働者をいつでも解雇できる雇用の（①　　　　　）＝フレキシビリティーを認める。
その代わり企業は派遣社員に対して十分な（②　　　　　）＝セキュリティーを与えなければいけない。

正社員と同等の（③　　　　　）と（④　　　　　）	次の仕事を探すための（⑤　　　　　）
（例）最大3年間，給与の70％を保障	

ワーク4 下の図を参考に空欄に当てはまる言葉を入れよう。

オランダでは，一人ひとりの労働時間を短くして雇用を守る（　　　　　　　　　）が定着しており，一人ひとりがライフスタイルに合わせた自由な働き方を選択している。

ワークシェアリングのあるオランダ

ワークシェアリングのない日本

ワーク5 日本とオランダの非正規雇用者の違いを書こう。

ワーク6 日本の非正規雇用者の問題を解決するにはどのような方法があるか，考えよう。

年　　　組　　　番　　　名前

教材 5 社会保障制度○×クイズ

教材の位置づけ

不測の事態によって生じる人生のさまざまなリスクに対して，どのような社会保障制度があり，適応するのかを知り，安心して日常生活を送るためにセーフティネットが重要な役割を担っていることを理解する。

学習の展開

導入

1. 不測の事態によって生じる人生のさまざまなリスクを回避し，安心して日常生活を送るために社会保障制度があることを確認する。

展開

2. 日本の社会保障制度に関する○×クイズを行う。解答を確認しながら，解説を加え，社会保障制度に関する理解を深める。【ワーク1】

> 発展教材【ワーク2】
> ①○×クイズで出た保険は，図1のどこにあたるのかを確認させ，社会保障制度の全体像を把握する。
> ②自分が25歳で社会保険に加入していることを想定させ，さまざまなリスクが起こったときに，どのようなセーフティネットがあるのかを図1を見ながら確認し，ライフサイクルごとの社会保障制度を把握する。

まとめ

3. セーフティネットの役割と重要性を確認する。

解説・補足・教師用資料

1. ○×クイズの解説は，簡潔にまとめているので，必要に応じて○×クイズの補足説明を参照のこと。
2. ○×クイズ答えと解説の補足説明
   * １　次の条件をすべて満たす人はアルバイトやパートでも被保険者となる。
      1. 労働条件が雇用契約書か雇用通知書に明記されていること。
      2. １週間の所定労働時間が，20時間以上であること。

　　　　3．31日以上雇用される見込みがあること。
＊2　一定期間継続して雇用されていたかどうかは，保険の給付を受けるための条件にはならず，例えば，1か月だけ働いた学生アルバイトでも適用される。
＊3　この場合，健康保険による給付を受けること（健康保険被保険者証を提示して治療を受けるなど）はできない。
＊4　労働者を1人でも雇用する事業は，適用事業として労災保険法の適用を受けることになり，加入の手続をとり，保険料を納付しなければならない。
＊5　障害年金をもらうための保険料納付の要件は，事故の直前の1年間に保険料の未納がないことが必要である。過去1年間に保険料を滞納している月がある場合でも国民年金の加入期間の2/3以上の期間について，保険料を納付，免除または猶予されていれば納付要件を満たす。詳細については，以下のサイトを参照のこと。
　　http://www.nenkin.go.jp/index.html（日本年金機構）
＊6　学生納付特例制度の申請をし，承認を受けると，学生納付特例期間中の障害や死亡といった不慮の事態には，満額の障害基礎年金または遺族基礎年金が支払われる。
＊7　医療保険には職業や年齢などによっていろいろな種類があり（健康保険，共済組合，国民健康保険など），運営する主体も，国や市町村，民間団体などさまざまである。
＊8　第一号被保険者…65歳以上の人
　　　第二号被保険者…40歳から64歳までの人

3．「図1　私たちの生活を支える社会保障」にある児童手当については，2012年4月から「児童手当」改正法が施行されている。所得制限の導入による支給額の変更と，所得制限の対象にならない世帯については対象年齢等により支給額が変更した。詳細は，以下のサイトを参照のこと。
　http://www.mhlw.go.jp/bunya/kodomo/osirase/dl/h23_leaflet.pdf（厚生労働省ホームページ）

ワークシートの解答例
ワーク2　①雇用保険　②医療保険　③障害年金　④労働者災害補償保険

ワークシート⑤ 社会保障制度○×クイズ

ワーク1 社会保障制度○×クイズ

以下の設問のアンダーラインの部分が正しければ（ ）内に○，間違っていれば×を記入しなさい。

①アルバイトでも一定の条件を満たせば雇用保険から失業給付を受けられる。（　　）

②パート・アルバイトでも，本人の不注意で仕事中にけがをした場合，医療費は全額労働者災害補償保険から支払われる。　　　　　　　　　　　　　　　　　　（　　）

③アルバイト先に行く途中でけがをした場合は，医療費はもらえない。　（　　）

④アルバイトで労働者災害補償保険に加入する場合は，保険料は自分で負担する。
　　　　　　　　　　　　　　　　　　　　　　　　　　　　　　　　（　　）

⑤けがや病気などで障害を負ってしまった場合，その障害の程度に応じて障害（基礎）年金を受けることができる。　　　　　　　　　　　　　　　　　　　　（　　）

⑥障害年金は，子どものころの病気やけががもとで障害が残った場合にも支払われる。
　　　　　　　　　　　　　　　　　　　　　　　　　　　　　　　　（　　）

⑦国民年金の保険料は，学生であっても20歳以上であれば払わなければならない。
　　　　　　　　　　　　　　　　　　　　　　　　　　　　　　　　（　　）

⑧医療保険に加入していれば，病院にかかったときに支払う自己負担額は5割である。
　　　　　　　　　　　　　　　　　　　　　　　　　　　　　　　　（　　）

⑨医療保険に加入していない場合，全額自己負担となる。　　　　　　（　　）

⑩介護のための保険制度があり，保険料は40歳から納める。　　　　　（　　）

⑪働いていない人だけが生活保護を受けられる。　　　　　　　　　　（　　）

⑫社会保障制度の役割は，①社会的セーフティネット　②所得の再分配　③リスクを分散するである。　　　　　　　　　　　　　　　　　　　　　　　　　（　　）

⑬社会保障制度以外に，私たちの暮らしを守るしくみや方法はない。　（　　）

〈発展教材〉

ワーク2 日本の社会保障制度について

1) 社会保障○×クイズで出た社会保険は，図1のどこに位置づけられているか確認してみよう。

	出生 6歳 12歳 15歳 18歳 20歳 25歳　40歳　50歳　60歳 70歳 75歳
	就学前 / 就学期 / 子育て・就労期 / 引退後
【保険・医療】医療保険	医療保険（医療費保障） ／ 長寿医療
【社会福祉等】社会福祉	児童手当 ／ 介護保険 ／ 傷害保健福祉
【所得保障】年金制度 生活保護	遺族年金 ／ 障害年金 ／ 老齢年金 ／ 資産，能力等すべてを活用してもなお生活に困窮する者に対し，最低限度の生活を保障
【雇用】労災保険 雇用保険	働いて事故にあったとき，失業したときなど

図1 私たちの生活を支える社会保障 （『平成20年度版 厚生労働白書』p.16より作成）

2) 25歳の人の場合（ただし，社会保険料を払っています），次の①〜④のような場合にどのような社会保障があるだろうか。図1を参考に考えてみよう。

①景気の悪化によりリストラ対象になり，失業してしまった。	②病気になり，長期入院することになった。	③交通事故でけがをし，後遺症が残り，働けなくなってしまった。	④仕事中に，けがをし，通院が必要になった。

| 社会保障制度○×クイズ　答えと解説 |

① （○）

　アルバイトやパートであっても，雇用保険の加入者であれば，離職した場合には，失業保険がもらえます[*1]。

② （○）

　労災保険（労働者災害補償保険法）は，業務上や通勤中に労働者が負傷，疾病，障害，死亡等した場合に補償される保険です。労災保険は雇用関係のあるすべての人に適用され[*2]，仕事中にけがをした場合，アルバイトでも治療費は100％出ます[*3]。

③ （×）

　労災保険は，通勤中の負傷，疾病，障害，死亡も適用されます。

④ （×）

　保険料は全額事業主負担とされています[*4]。

⑤ （○）

　障害年金は，一定の障害があるときに受けられる給付で，原則として，老齢年金と同様に2階建てで支給されます。国民年金に加入している間にかかった病気やけががもとで一定以上の障害が残り，障害の年金を受けられる保険料の納付要件を満たしているときは，障害基礎年金を受けることができます[*5]。受けられる年金には1級と2級があり，障害の程度によって決められます。

　厚生年金保険に加入している間にかかった病気やけががもとで一定以上の障害が残り，障害の年金を受けられる保険料の納付要件を満たしているときは，病気やけがの原因が業務上か否かにかかわらず，障害厚生年金を受けることができます。受けられる年金には，1級，2級，3級があり，障害の程度によって決められます。

⑥ （○）

　障害基礎年金は，国民年金に加入している間にかかった病気やけがだけでなく，子どものころの病気やけががもとで一定以上の障害が残った方にも支払われます。支給は20歳からです。

⑦ （○）

　20歳以上であれば学生の方も国民年金制度に加入しなければなりません。しかし，学生は所得がないことから，国民年金制度に加入しても保険料を納めることができません。学生本人が一定所得以下の場合には，学生本人が社会人となってから保険料を支払うこととする「学生納付特例制度」[*6]があります。

図2　医療費の患者負担割合

⑧ （ × ）

　医療保険*7に加入している場合の医療費の負担は，図２のように年齢や所得によって異なります。

⑨ （ ○ ）

　医療保険に加入していない場合，医療機関に受診したときは全額自己負担になります。

⑩ （ ○ ）

　介護保険は，40歳以上の人が強制的に加入する社会保険です。財源は，国・都道府県・市町村の負担金と，被保険者*8が支払っている保険料でまかなっています。市町村に申請して要支援・要介護に認定されるとケアプランを作成し，指定サービス提供事業者と契約し必要なサービスを受けます。料金の自己負担は利用料の１割です。

⑪ （ × ）

　生活保護は，収入や資産が国が定める最低生活費を下回る場合に，足りない部分について保障する制度です。仕事の給与，年金，各種福祉手当，仕送りなどすべての収入を合計して，それでも最低生活費に満たない場合に，その足りない部分が保護費として支給されます。⇒詳細は，教材⑩

⑫ （ ○ ）

　私たちの暮らしを守る社会保障には，３つの役割があります。

　①社会的セーフティネット：不測の事態によって生じる人生のリスクに対して，安心して日常生活を送ることができる。

　②所得の再分配：税や給付などの制度を通して，所得格差を縮小して，社会的な公正を保つことができる。

　③リスクを分散する：事故や災害など不確実なリスクに対して，社会全体でリスクに対応することによってその影響を小さくする。

⑬ （ × ）

　私たちの生活は，公助といわれる社会保障制度以外にも，近隣や地域に暮らす人々との連帯や助け合いなどの共助があります。近年，安定した働き方が減少し，自分の努力だけでは自立した生活を維持するのは難しくなっており，公助や共助の重要性が高まっています。

COLUMN 2

多様な若者支援の広がり
～食を通じた自立と社会参加～

　若者の雇用問題，自立支援の重要性が近年クローズアップされ，教育，福祉，医療や雇用問題など子ども・若者に関わるさまざまな分野の包括的な支援の取り組みが国やNPO，NGOなどによって実施されている。一例をあげれば，厚生労働省が実施する地域のネットワークを活用して若者の職業的自立支援を行う「地域若者サポートステーション事業」などがある。海外においても，イギリスの「コネクションズ・サービス」などがあり，学校を離れて，社会で働き，自立した生活を送るという学校生活から社会生活への移行を複数の機関連携により支援する先進的な取り組みなどがある。

　ここでは，「食」というキーワードで若者の就労・自立支援を行っている2つの事例を取り上げてみたい。

❶２５０食堂（にこまる）（神奈川県横浜）

　２５０食堂とは，250円であったかくて，おいしいごはんが食べられて，若者が元気になるプロジェクトで，生きづらさを抱えた若者の自立就労支援を行っている。社会になじめない若者たちが，食堂で働くことを通じ，社会で働くために必要なスキルを身につけたり，働くという経験を通じて働くことの意義を感じることができる。低価格で食事が提供できるのは，形がふぞろいなどの理由や旬の野菜などを安く仕入れているだけでなく，このプロジェクトに協力している全国の個人や農家，企業などから寄付を受けているためである。若者の雇用と自立支援の問題に関心をもってもらい，社会全体でこの問題を考えていきたいというねらいもある。

２５０食堂ホームページ：http://k2-inter.com/250/

❷ブルーマーブル・トレーニング（イギリス）

　ショーディッチ・トラストが実施しているブルーマーブル・トレーニングは，若者向けの雇用・訓練プログラムで，職のない若者，社会的に排除されている若者を対象に「食」に関する職業支援を行っている。このプログラムの特徴は，単に外食産業での職業訓練だけでなく，環境に配慮した生活を実践できる市民の育成も含まれている。これらのねらいを実現しているのが，ウォーターハウスレストランで，ブルーマーブル・トレーニングプログラムと提携している。このレストランでは，二酸化炭素の排出を最小限にとどめるさまざまな工夫がなされている。使用している食材だけでなく，店内の電力，家具，食べ残しなど環境保全を目指す取り組みと設備がある。誰もが社会的に排除されない社会的包摂という考えと，環境への配慮は，持続可能な社会の実現に欠くことのできない考えであるという点において共通しているだろう。

ショーディッチ・トラストホームページ http://www.shoreditchtrust.org.uk/

第3章

働く権利を守る

教材6 求人票を読む

教材の位置づけ

　求人票とは，職業安定法によって定められた労働条件を明示した書類のことで，生徒はこれにより自分のライフスタイルや価値観に合った企業や職種，仕事内容を選択すると同時に，特段の事情がなく企業側がこの内容に大きく違反したりした場合には労働基準監督署や都道府県の労働局および労政事務所に訴えて権利の保全を図るための重要なツールともなる。これから社会に出ていく若者には，ぜひこの情報を読みこなす力をつけてほしい。

用意するもの
B社の求人票

学習の展開

導入
1. 自分（または友人）が働いているアルバイトの雇用契約内容を知っているか確認する。
　　将来，会社を選ぶ際の労働条件では何を重視したいか考える。

展開
2. A社を例に求人票の見方や語句の意味を理解する。【ワーク1】
3. B社の求人票を読み取り，求人票記入シートに記入する。【ワーク1】
4. A，B両社の求人内容を比較して，自分の希望に近い会社はどちらか考える。【ワーク2〜4】
5. 労働条件に関する基本的な内容を知る。【ワーク5】

まとめ
6. この学習を通して学んだことを発表し，求人票を読む際のポイントを確認する。【ワーク6】

解説・補足・教師用資料

　この求人票を読む作業を通して，職種や仕事内容，休日，賃金の違いだけではなく，雇用形態・賃金形態・社会保険の完備が重要な情報であることを理解してほしい。また，自分のライフスタイルに合った働きやすい労働環境とはどのようなものか生徒にイメージさせたい。
（社会保険の重要性については教材③社会保険ゲーム，教材⑤社会保障制度○×クイズ参照）

【語句の解説】

雇用形態
・正規雇用：いわゆる正社員。雇用されている労働者のうち特に雇用期間を定められていない者。勤務日数や勤務時間，仕事上の制約が多いかわりに昇給・昇進のチャンスもある。
・契約：フルタイム勤務で，雇われる期間を定めて働く労働者をいう。仕事の内容は正社員と同じかほぼ同じような仕事が多く通常は昇給，昇進の対象外。
・派遣：派遣労働者：「労働者派遣法」に基づく派遣元事業所から派遣された者。雇い主（派遣元）とは別の会社（派遣先）で働く。
・パートタイマー：雇用期間は1か月を超えるか，または定めのない者。一般的には1日または1週間の労働時間が正社員よりも短い労働者をいう。

賃金形態
・日給月給制：毎月の給与額は決まっているが，有給休暇以外の欠勤が生じた場合，その分を日割りで給与から差し引くやり方のこと。
・月給制：毎月の給与額が決まっており，欠勤しても全額支払われる。
・日給制：給与を日額で計算し，働いた日数分だけ給与が支払われる。

雇用期間
・なし：定年まで雇用される。いわゆる正社員としての雇用を意味している。
・有：（例：1年・毎年更新）等，期間の定めがある雇用で，派遣，契約，パートなどが含まれる。

就業規則
　労働条件や職場の規律などについて，会社が統一的に定めたルールのこと。正社員，パート，アルバイトなどの区別に関係なく，10人以上の労働者を常に雇用している会社や事業所では作成しなければならない。就業規則は書面の交付やその他の方法で従業員が確認できるようになっていなければならない。

ワークシートの解答例

ワーク1　①正社員，②なし，③月給
　　　　　④164,000，⑤3,000，⑥19,000，⑦142,000，⑧2，⑨4,000，⑩平日，⑪119，⑫20，⑬あり，⑭雇用，労災，健康，厚生，⑮有，⑯有，⑰60，⑱面接，適性検査，作文・一般常識，⑲80，⑳10

ワーク3　A社の給料からは，社会保険料が引かれていないため。

ワーク5　①非常に弱い立場，②労働条件，③規律，④安定した高い収入，⑤ボーナス，⑥退職金

ワーク2

項目	A社	B社
1		○
2	○	
3		○
4	○	
5		○
6	○	
7		○
8		○
9		○
10		○
11		○

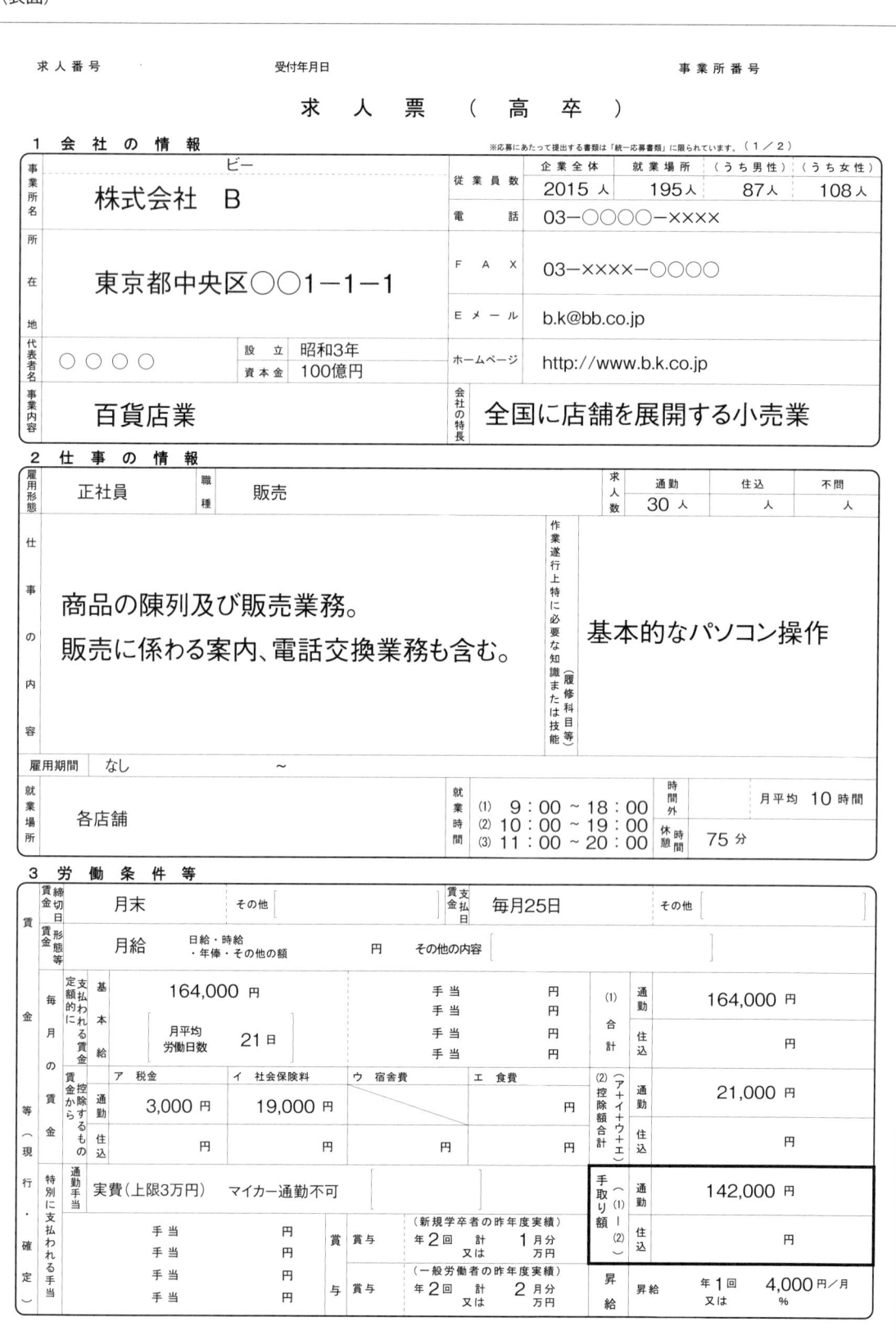

資料 B社の求人票（高卒）

(表面)

求人票（高卒）

求人番号　　　受付年月日　　　事業所番号

※応募にあたって提出する書類は「統一応募書類」に限られています。（1／2）

1 会社の情報

事業所名	株式会社　B（ビー）					
			従業員数	企業全体 2015人	就業場所 195人	（うち男性）87人 （うち女性）108人
所在地	東京都中央区○○1-1-1		電話	03-○○○○-××××		
			FAX	03-××××-○○○○		
			Eメール	b.k@bb.co.jp		
代表者名	○○○○	設立　昭和3年　資本金　100億円	ホームページ	http://www.b.k.co.jp		
事業内容	百貨店業		会社の特長	全国に店舗を展開する小売業		

2 仕事の情報

雇用形態	正社員	職種	販売	求人数	通勤 30人	住込　人	不問　人

仕事の内容：商品の陳列及び販売業務。販売に係わる案内、電話交換業務も含む。

作業遂行上特に必要な知識または技能（履修科目等）：基本的なパソコン操作

雇用期間　なし　～

就業場所	各店舗	就業時間	(1) 9:00 ～ 18:00 (2) 10:00 ～ 19:00 (3) 11:00 ～ 20:00	時間外 月平均 10時間 休憩 75分

3 労働条件等

賃金締切日	月末	その他		賃金支払日	毎月25日	その他	
賃金形態等	月給	日給・時給・年俸・その他の額 　　円	その他の内容				

毎月の賃金	定額的に支払われる賃金	基本給 164,000円 月平均労働日数 21日	手当 　円 手当 　円 手当 　円 手当 　円	(1)合計	通勤 164,000円 住込 　円
	賃金から控除するもの	ア 税金 3,000円 通勤　円	イ 社会保険料 19,000円 住込　円	ウ 宿舎費 　円	エ 食費 　円	(2)控除額合計（ア+イ+ウ+エ）	通勤 21,000円 住込 　円

現行	特別に支払われる手当	通勤手当	実費（上限3万円）　マイカー通勤不可		手取り額(1)-(2)	通勤 142,000円 住込 　円
確定		手当 　円 手当 　円	賞与	（新規学卒者の昨年度実績）年2回 計 1月分 又は 　万円		
		手当 　円 手当 　円	賞与	（一般労働者の昨年度実績）年2回 計 2月分 又は 　万円	昇給	年1回 4,000円／月 又は 　%

(裏面)

| 求人番号 | 受付年月日 | 事業所番号 |

求人票（高卒）

3 労働条件等（つづき）

※応募にあたって提出する書類は「統一応募書類」に限られています。（2／2）

休日等	休日	平日の2日間,他	休日、週休二日制のその他の場合 年末・年始 夏季休暇	有給休暇	入社時	0日	休業等取得実績	育児休業 あり
	週休二日制	有（完全）			6か月経過後	10日		介護休業 あり
	年間休日数	119日			最大	20日		看護休業 あり

福利厚生等	加入保険	雇用 労災 ~~公災~~ 健康 厚生 ~~財形~~ ~~退職金制度~~ 退職金共済	宿舎	なし	独立の宿舎　入居　1部屋　1人当たり　勤務先までの時間　分	就業規則	有	定年制	あり 一律 60歳
						労働組合	有	再雇用	あり 65歳まで
								勤務延長	なし

| 通学 | 否 | 時間配慮（賃金支払い） | 通学時間 分 | 学校名 交通手段 | 通学費用の企業負担 | なし | 入学金　教科書代　交通費　授業料月額　円 |

4 選考

応募・選考	受付期間	～ 9月5日以降随時	選考日	9月16日以降	複数応募	10月1日以降 可
	選考場所	所在地と同じ	応募前職場見学	あり		
			採否決定	9月23日 日後	選考旅費	なし
	選考方法	面接　適性検査[　]　学科試験（一般常識 国語 数学 英語 社会 理科 作文 その他）その他				
担当者	課係名役職名	人事部人事課 課長	氏名	○○○○	赴任	（入社日）○○年4月1日 （赴任旅費）あり
	電話番号	03-○×-○×-○× 内線 36	FAX	03-×○×-×○×		
	Eメール	jinji@bb.co.jp				

5 補足事項・特記事項

| 補足事項 | 遅勤務手当，社員買物割引制度 あり。 | 求人条件にかかる特記事項 | 応募前職場見学　可　① 8月17日　② 8月19日 |

インターネットによる全国の高校への公開　可

6 求人連絡・推薦数と採用・離職状況

求人連絡・推薦数	県	安定所	求人連絡数	学校	推薦人員	学校	推薦人員
	東京	新宿	4人	○○○○	1人		人
			人		人		
			人		人		
			人		人		
	求人連絡総数 1所 4人			推薦依頼総数	（管内）1校 1人 （管外）　校　人		

採用・離職状況		H21年 3月卒	H22年 3月卒	H23年 3月卒
	応募者数	60人	50人	70人
	採用者数	30人	20人	30人
	離職者数	4人	4人	2人

受理・確認印

産業分類　　　　職業分類　　　　就業場所住所

雇用保険適用事業所番号

ワークシート ⑥ 求人票を読む

ワーク1 B社の求人票を参考に空欄に記入しよう（通勤の場合）。
求人票（高卒）記入シート

				A社	B社
表面	1. 会社の情報		事業所名	A社	B社
			事業内容	百貨店業	百貨店業
			会社の特徴	日用品を中心とした商品を販売	高級品を中心とした商品を販売
	2. 仕事の情報		雇用形態	派遣：1年ごとの更新	①
			職種	販売	販売
			仕事の内容	商品の陳列・販売等	商品の陳列・販売関連業務
			雇用期間	1年：毎年更新，3年目まで	②
			就業時間	午前9時15分〜午後6時まで	1. 午前9時〜午後6時 2. 午前10時〜午後7時 3. 午前11時〜午後8時
			休憩時間	午前10分, 昼40分, 午後10分	1. 午前10分, 昼50分, 午後15分 2, 3. 昼50分, 午後25分
	3. 労働条件等	毎月の賃金	賃金形態	日給月給	③
			定期的に支払われる賃金　基本給	164,000円	④　　　円
			賃金から控除するもの　税金	3,000円	⑤　　　円
			賃金から控除するもの　社会保険料	0円	⑥　　　円
			手取り額	161,000円	⑦　　　円
		賞与	一般労働者の昨年度実績	なし	2回, 合計（⑧　　）か月分
			昇給	なし	年1回,（⑨　　　）円
裏面	3. 労働条件等（つづき）	休日等	休日	土曜または日曜, 水曜, 祝日他	原則（⑩　　　）の2日間
			週休二日制	有（完全）	有（完全）
			年間休日日数	123日	（⑪　　　）日
		有給休暇	6か月経過後	10日	10日
			最大	15日	（⑫　　　）日
		休業等取得実績	育児休業	なし	⑬
			介護休業	なし	あり
			看護休業	なし	あり
		福利厚生等	加入保険等（○をつける）	（雇用　労災　公災　健康　厚生　財形　退職金共済）	⑭（雇用　労災　公災　健康　厚生　財形　退職金共済）
			就業規則	有	⑮
			労働組合	なし	⑯
			定年制	—	あり　一律（⑰　　）歳
	4. 選考		選考方法（○をつける）	面接, 適性検査, 学科試験（作文・一般常識）	⑱面接, 適性検査, 学科試験（作文・一般常識）
	5. 補足事項・特記事項		補足事項	なし	販売関連業務には電話交換等も含む。遅勤務手当あり。
	6. 求人連絡・推薦数と採用・離職状況	採用・離職状況	3年間の採用数の合計	80	⑲
			3年間の離職数の合計	30	⑳

ワーク2　A社とB社を比較して，該当するほうに○をつけよう。

項目	A社	B社
1．雇用形態：正規雇用なのは？		
2．交代制勤務制がないのは？		
3．賃金形態：月給制なのは？		
4．手取り額が多いのは？		
5．定期昇給があるのは？		
6．土曜または日曜に休日をとることができるのは？		
7．最大の有給休暇が多いのは？		
8．育児，介護，看護休業がとりやすいのは？		
9．社会保険が充実しているのは？		
10．雇用期間：定年まで雇用されるのは？		
11．3年間の離職者の割合が少ないのは？		

ワーク3　基本給が同じであるのに，A社の手取り額が多いのはなぜか。

ワーク4　どちらの会社が自分の働き方に合っていると思ったか。その理由も記入しよう。

ワーク5　ア～ウの労働条件について，語群より（　　）内に当てはまる語句を選んで記入しよう。

【語群】 ボーナス　労働条件　退職金　安定した高い収入　規律　非常に弱い立場	
ア：労働組合の有・無は働く人にとってどんな影響があるか。	労働組合がない場合，働く条件などについて経営者側と個人で交渉することになり労働者側が（①　　　　　　　　　）になりやすい。
イ：就業規則とはどのようなものか。	使用者側が，職場における（②　　　　　　　　　）や（③　　　　　　）などを定めた規則。就業時間，休憩時間，残業，休日，有給休暇，賃金，各種手当，定期昇給，退職金などが明記されている。
ウ：基本給が高いとどのようなメリットがあるか。	会社の業績で変動するボーナスと異なり，月々（④　　　　　　　　　）がある。基本給は（⑤　　　　　　）の額や（⑥　　　　　　）の額に反映する。

ワーク6　求人票を比較する学習を通してわかったことを記入しよう。

年　　　組　　　番　　名前

教材7 自分や仲間の働く権利を守る

教材の位置づけ

違法ではあるが，アルバイトをしている高校生の働く権利が守られていないケースがみられる。そこで，本教材は次の2つをねらいとしている。
① 労働者の働く権利を理解する。
② 不当な扱いを受けたときに，自分や仲間の働く権利を守るためにどうしたらいいかを考える。

学習の展開

導入

1. 働くことに関係する法律にはどのようなものがあるか考え，発表する。

展開

2. 労働者を守る法律の内容を知る。

   (1) 労働法子さんの事例（4コマ漫画）を読み，労働に関する法律に違反することはないか考え，発表する。【ワーク1】
   (2) 労働に関する法律のポイントとして，①自分の住んでいる都道府県の最低賃金，②残業時の割増賃金を知る。【ポイント】
   (3) 労働法子さんの本当の残業代を計算する。【ワーク2】
   (4) アルバイトをしている生徒は，自分の労働状況を振り返り，法律に違反していないか確認する。アルバイトをしていない生徒は，今後働くときのチェック項目を押さえる。【あなたは大丈夫？】

3. 自分や仲間の働く権利を守るためにはどうしたらよいか考える。

   (1) 割増賃金の未払いや不当解雇など問題が起きたとき，自分ならどうするか考える。【ワーク3】
   (2) 自分や仲間の働く権利を守るための相談先や相談に必要なものを知る。【資料】
   (3) 自分が行動することで解決した事例を読み，問題解決に向けて行動することの重要性を理解する。【解決事例・COLUMN③】

まとめ

4. 今日の授業で学んだことや考えたことをワークシートに記入する。【ワーク4】

解説・補足・教師用資料

「もし突然仕事をクビになったらどうするか」と聞くと，高校生からは「辞めるしかないんじゃ…」「どうしたらいいかわからない」といった声があがるかもしれない。しかしこうした社会的な問題に対し，泣き寝入りをして放置していると社会は何も変わらない。p.71のような相談窓口に行くことは，自分の労働を守るだけでなく，労働基準監督署などから指導が入り，労働環境が改善することで，仲間の働く権利を守ることにもなる。またこうした問題が集積され，労働法改正に結びつくこともある。つまり相談窓口に相談するという自分の行動が，社会全体を変えることにつながることもある。生徒には自分が行動することで自分も働きやすく(生きやすく)なるし，社会もよくなるということを知って，行動してほしいと願う。

1．労働者を守る法律

(1)最低賃金【最低賃金法第4条】

最低賃金法に基づき，労働者の生活を守るために最低賃金が決まっている。この最低賃金には，産業や職種に関わりなく，都道府県内の事業場で働くすべての労働者に適用される「地域別最低賃金」と，特定の産業で働く人に適用される「特定(産業別)最低賃金」がある。

(2)労働時間と割増手当

①労働時間の定義【労働基準法第32条】

労働時間とは「労働者が使用者に労務を提供し，使用者の指揮命令下にある時間」のことである。よって，出席が義務づけられているミーティングや，準備や後片づけ，着替え(制服や作業着など着用を義務づけられているものに事務所内で着替える場合)の時間も労働時間に含まれる。労働時間には，「法定労働時間」と「所定労働時間」がある。

- 法定労働時間：労働基準法が規定している労働時間のことで，1日8時間，1週40時間と定められている。
- 所定労働時間：法定労働時間を超えない範囲で各事業所が定めた労働時間。

②賃金の支払い【労働基準法第24条】

賃金は，原則として，その全額を労働者に支払わなければならないことが定められており，毎日の労働時間数については，切り捨てはできない。1日単位ではわずかな時間でも，それが積み重なれば月に数時間になる場合もあり，労働者にとって不利益になってしまうからである。つまり，アルバイトの給料や残業(時間外労働)代は，1分単位で計算される。ただし，1か月における合計時間に関しては，30分未満の端数が生じた場合は切り捨て，30分以上1時間未満の端数を切り上げることが認められている。

③残業

事業所が定めた所定労働時間を超えて働くことを残業といい，「法定内残業」と「時間外労働」がある。

⎰・法定内残業：1日8時間以内の法定労働時間内で行われる残業。残業代として通常賃金
　　　⎱　　　　　　　の支払はしなければならないが，割増賃金を支払うかどうかは事業所が決める。
　　　　・時間外労働：法定労働時間を超える残業。割増賃金を支払う必要がある。
④時間外，休日及び深夜の割増賃金【労働基準法第37条】
　時間外労働，休日労働，深夜労働をしたときには，割増賃金を支払うことが労働基準法で
義務づけられている。割増率はp.69に示す通り。
⑤高校生等18歳未満の年少者の労働
　　　⎰・深夜業の禁止【労働基準法第61条】：年少者は原則として深夜(午後10時から午前5時)の
　　　⎱　　　　　　　　　　　　　　　　　労働は禁止されている。
　　　　・時間外労働の禁止【労働基準法第60条】：年少者は原則として時間外労働は禁止されてい
　　　　　　　　　　　　　　　　　　　　　　　る（1日8時間以上働くことができない）。

(3)労働審判
　残業代未払いや不当解雇などの労働者と事業主との間に生じた紛争に関して，特別な事情
がある場合を除き3回以内の審理で迅速に解決しようとするもの。

2．ワークシートの留意事項
(1) 4 コマ漫画(p.69)
①1コマ目の時給：厚生労働省のHP「最低賃金制度」で高校の所在地の最低賃金を確認し，
　その金額より低くなるように設定する。【設定例】千葉…750円（最低賃金798円　2014.10.1改定）
②4コマ目の残業代：割増がない場合の金額が750円×6時間×8日間＝36,000円である。
　①で時給を変更した場合は，その金額に合わせて計算する。
(2)ポイント(p.69)
①最低賃金：高校の所在地の最低賃金を使用する。（　　　）には発効年月日を記入する。
②残業の種類と賃金割増率：高校の所在地の最低賃金で計算し，残業の時給欄を変更する。

生徒の感想
・私はアルバイトを2つしていて，1つは1分ずつ支払われていますが，もう1つは15分
　ずつの支払額になっています。今度から（労働時間を）記入していこうかなと思いました。
・友だちで深夜労働に困っている子が何人かいるので今回の話は身近に感じました。今日習
　ったユニオンなどを友だちに教えてあげたいと思います。

ワークシートの解答例
ワーク1　深夜労働をしている／1日8時間以上働いている／時給が最低賃金を下回っている／
　　　　　残業（時間外労働）代が安い
ワーク2　　　　　　　　　①②(1,000円×4時間＋1,200円×2時間)×8日間＝51,200円
　　　　　　　　　　　　　③51,200円－36,000円＝15,200円
　　　　　あなたは大丈夫？　1 最低賃金法　2 労働基準法
ワーク3　アルバイト仲間と話し合う／労働組合や労働基準監督署に相談するなど

ワークシート ⑦ 自分や仲間の働く権利を守る

17歳の労働法子さんは、ファーストフード店で土日に8時間働いています。今月は店長に頼まれて6時間の残業を8日間することになりました。(注)定められた休憩時間を取っているものとする。

① 時給750円だ！がんばろう！／いらっしゃいませー

② 今月忙しいから残業頼める？／了解です！／法子さん

③ （夜遅くまで働く様子）ぐったり／せっせっ

④ 8日間の残業代 36,000円 やったー♡ いつもの月より多い！！

> **ワーク1** 残業代をもらった法子さんは喜んでいてよいだろうか。法律に違反することはないか考えてみよう。

①
②
③
④

ポイント

①最低賃金　　　　の場合　　　　　　　円（平成　　年　　月　　日〜）

②残業（時間外労働）の種類と賃金割増率（労働基準法）

時間帯	割増率	残業の場合（時給800円の場合）
時間外労働（1日に8時間を超えた労働時間）	25％以上	1,000円
深夜労働（午後10から午前5時まで）	25％以上	1,000円
休日労働（毎週1回または4週4日の休日の労働）	35％以上	1,080円
時間外労働が深夜まで及んだ場合	50％以上（時間外25％＋深夜25％）	1,200円
休日労働が深夜の時間帯に及んだ場合	60％以上（休日35％＋深夜25％）	1,280円

ワーク2 もし法子さんが18歳以上で残業ができる場合, 本当の残業代はいくらになるか, そして本当の残業代より実際もらった残業代はいくら少ないか, 計算してみよう (時給800円とする)。

① 1日の本当の残業代
　午後6時から午後10時までの4時間：(　　　　　)円×4時間=(　　　　　)円
　午後10時から午前0時までの2時間：(　　　　　)円×2時間=(　　　　　)円
　　　　　　　　　　　　　　　　　　　　　　　　　　　計(　　　　　)円
② 8日間の本当の残業代　　：1日(　　　　　)円×8日間=(　　　　　)円
③ 本当の残業代より実際もらった残業代はいくら少ないか。
　　　　　　　　　　(　　　　　)円−(　　　　　)円=(　　　　　)円

※2013年度に労働基準監督署から残業に対する割増賃金が不払いになっているとして労働基準法違反での是正指導を受けて, 100万円以上の割増賃金を払った企業は, 全国で1,417社, 支払い総額は約123億円にのぼっている。(厚生労働省HPより)

あなたは大丈夫?

・アルバイトをしている人は, チェックしてみよう！
・アルバイトをしていない人は, 働くときのためにチェック項目を覚えておこう！

① 私の時給は, 最低賃金額より低い　　　　　　　　　　　　(はい・いいえ・わからない)
② 深夜(午後10時から午前5時まで)に働いている　　　　　　(はい・いいえ・わからない)
③ 1日の給料は1分単位で計算されていない(30分未満などは切り捨てられる)
　　　　　　　　　　　　　　　　　　　　　　　　　　　　(はい・いいえ・わからない)
④ 1日8時間以上働いたことがある　　　　　　　　　　　　(はい・いいえ・わからない)

　「はい」がある人 ➡ ①は(1　　　　　　　)　　違反です。
　　　　　　　　　　　②〜④は(2　　　　　　)
　わからない人　　➡ 確認しておこう！

ワーク3 法子さんみたいに割増された残業代が支払われなかったときや, 突然仕事をクビになったときなど困った場合には, あなたならどうするか。考えてみよう。

[資料] 自分や仲間の働く権利を守るための相談先など

相談先，利用できる制度			連絡先（所在地，電話番号，メールアドレスなど）
民間	NPO 労働組合など	※	※
		NPO 法人 POSSE （労働相談を中心に，若者の「働くこと」に関するさまざまな問題に取り組む NPO）	東京都世田谷区北沢 4-17-15-201号室 TEL：03-6699-9359 E-mail：soudan@npoposse.jp
		首都圏青年ユニオン （どんな職業・働き方でも，誰でも一人でも入れる，若者のための労働組合。このようなユニオンは全国にあります。）	東京都豊島区南大塚2-33-10　東京労働会館5階 TEL：03-5395-5359 E-mail：union@seinen-u.org
行政	自治体の労働相談コーナー，労働基準監督署など	労働相談コーナー （各自治体によって名称が異なる）	※
		（　　　　　）労働局	※
		（　　　　　）労働基準監督署	※
司法	日本司法支援センター　法テラス		TEL：0570-078374 おなやみなし
	裁判所（労働審判制度，訴訟）		

※各都道府県や身近な組織の情報を入れてください。

■相談するために準備しておくとよいもの　※それぞれのケースによって異なるので，確認するとよい。

- 就業規則，労働契約書，給与明細など
- 労働時間（始業時刻・就業時間・休憩時間），仕事の内容などをメモしたもの（手帳や日記など）

解決事例　Aミュージカルに出演していたBさんの場合

　発端は，会社が3月にラスベガス公演を決定したことだった。「海外公演は費用がかかるから」と，国内に残る出演者の賃金を2割削減。Bさんら6人は「強硬に反対した」として賃金が半分に減らされた。会社が交渉に応じないため，4月に6人でユニオンの支部を結成した。

　複数回の団体交渉を行い，一方的な賃金減額に対する会社の陳謝と差額分の全額支払い，トレーナーを常置する努力をするなど労働安全衛生の改善などで和解をした。一方で，会社の譲歩を引き出すかわりに組合員の契約の更新拒否を受け入れ，3名が仕事を失った。しかし，これは本人たちの意思である。「舞台をだれよりも愛している組合員が復帰できないのは残念だが，他の出演者が安心できる環境はつくれた。闘ってよかった。」Bさんは，再び舞台に立つ日に備え，体操教室の講師をしながら今もトレーニングを続けている。

（朝日新聞2008年01月18日記事より）

ワーク4　今日の授業で学んだことや考えたことをまとめよう。

年　　　組　　　番　　　名前

労働者の権利を実現した解決事例

■大学生Cさんの場合■

　Cさんが働く店（大手飲食チェーン）では，残業代の割り増し分を支払わないどころか，店側で毎日の売り上げの基準を定めて，その日の売り上げがその基準に到達しないときには「ペナルティー」として，働いた時間を短く「改ざん」し，短くした分の給料のみを支払うという，さらに悪質なケースでした。

　まず本人に法律的なことを説明し，何回か打ち合わせをした上で，POSSEの労働相談班のメンバーと一緒に，会社の本社人事部に赴きました。通常，こうしたケースでは，働いた側に，「この時間からこの時間まで働いた」という証拠がなく，店側もタイムカードなどの証拠を出さないため，相談しても泣き寝入りになってしまうことがよくあります。しかし，今回は相談者が，POSSEにあらかじめ相談していたことから，労働時間や，店側からの指示などについて，詳細なメモをとっていたのでした。法律に違反し，具体的な記録がある場合，ほとんどの会社は言い逃れができません。結局，このケースでも，残業代の未払いや，労働時間の「改ざん」について，具体的な事実を指摘したところ，会社が非を認めて支払う運びとなりました。

（NPO法人POSSEのHPより）

■美容師Dさんの場合■

　暮れも押し詰まった昨年12月19日午前10時。東京都内のJR駅前で，円陣を組む10人ほどの若者がいた。だれでも入れる労働組合「首都圏青年ユニオン」のメンバーだ。組合員の美容師Dさん（23）の2回目の団体交渉に参加するために集まった。「初めて会う人も多い。僕のためにこんなに集まってくれるなんて，本当にありがたい」とDさん。

　専門学校を出て美容師になったのは05年4月だった。ガラス張りの店，明るい照明，さっそうとしたスタイリスト。華やかなイメージはすぐに崩れた。朝7時半から深夜0時近くまで，昼休み30分以外立ちっぱなし。仕事の大半は街頭でのビラ配りだった。家に帰る気力もなくなり，店の床やマンガ喫茶で寝たことも。残業代は毎月固定の2万5千円で，朝遅刻すると罰金5千円。店長に口答えすると，「お前美容業界をなめんなよ」と怒鳴られた。

　最初の店で10人近くいた同期入社の半数が，1年で辞めた。「夢を持っていたんだけど」「このままでは体がもたない」などと言い残して。Dさんも，長時間の立ち仕事で椎間板ヘルニアを発症した。昨年1月，立ち上がれなくなり1カ月入院。退院後も2カ月は車イスだった。

　会社は労災申請への協力を渋り，実際より少ない労働時間のデータしか出さず，労災は認められなかった。会社はそのかわり，他者に口外しないという誓約書へのサインを条件に見舞金を提示した。「僕を使い捨てて終わらせようとしている」と感じ，拒否した。辞めていった同期の言葉が忘れられなかった。

　会社は8月，未払い残業代をDさんの銀行口座に振り込んだが，実際の残業時間とは大差があった。弁護士に相談し，首都圏青年ユニオンを紹介された。支援を受けて美容師3人のグループ「首都圏美容師ユニオン」を立ち上げた。いまだに自分がユニオンを作ったなんて信じられない。でも「仲間に支えられ，自分がやっていることに誇りを持てるようになった」と話す。（朝日新聞2008年1月11日記事より）

　（その後）大手美容室チェーン「E」に対して未払い残業代の支払いを求めていた労働組合「首都圏美容師ユニオン」は17日，同社が従業員338人に過去2年間分の残業代計4,800万円を支払ったことを明らかにした。ただ，労組側は「未払い残業代は数億円以上になるはずだ」として，引き続き同社に不足分の支払いを求める。

（朝日新聞2008年1月18日記事より）

第4章

生きる権利と そのための資源 を考える

教材8 ハウジングプアから考える住まいの機能と住まう権利

教材の位置づけ

労働からの排除（失業，不安定雇用，低収入など）や家族からの排除（DV，虐待，家族関係の悪化など）などから，「家を失う」あるいは「家はあるが居住権が侵害されやすい状態」などの劣悪な居住環境を強いられる事態（住居からの排除）が多く起こっている。そこで，本教材は次の2つをねらいとしている。

① 「家」がないと困ることを考え，「住まいの機能」を理解する。
② 自分たちは「居住権」をもっていることを知り，自分たちの「居住権」を守るためにどうしたらよいかを考える。

学習の展開

導入
1. ある日突然，自分の「家」がなくなったとしたらどうするかを考え，発表する。

展開
2. ネットカフェで暮らす人の事例から「家」がないと困ることを考える。【ワーク1】
3. 公園で暮らす人の事例から「家」がないと困ることを考える。【ワーク2】
4. 2・3を発表し，「住まいの機能」について考える。【ワーク3】
5. ハウジングプアとはどのような状態かを理解する。【ワーク4】
6. 自分たちは「居住権」をもっていることを知り，「居住権」を保障する責任が国にあることを理解する。【ワーク5】
7. 自分たちの「居住権」を守るためにはどうしたらいいか，資料①～③をもとに考える。【ワーク6】

まとめ
8. 今日の授業で学んだことや考えたことをワークシートに記入する。【ワーク7】

解説・補足・教師用資料
1．導入の問いかけ
　生徒からは，祖父母や親戚の家，友だちの家，ホテルなどといった回答が想定される。頼る人がいなかったとき，ホテル代をもっていないときなどはどうするか，さらに考えさせるとよい。

2．住まいの機能
　公園での生活は，田村裕著『ホームレス中学生』を活用し，住まいに関わる内容を読み聞かせなどで紹介する（教材⑨参照）。また，生徒が発表した「家」がないと困ることを教員が黒板などに整理し（下表参照），そこから「住まいの機能」について考えることができるようにするとよい。

困ること（生徒の記述より）	住まいの機能
・雨風をしのげない ・暑い　・寒い ・襲われるかもしれない　・危険	①シェルター（身を守る）
・家族がバラバラになる ・帰るところがなくなる ・ご飯が落ち着いて食べられない ・ご飯が作れない ・服や物を保管できない，持ち歩かないといけない	②家庭生活の場
・寝る場所がなくなる ・寝る場所を毎日探さないといけない ・熟睡できない　・疲れがたまる ・ストレスになる　・プライバシーがない ・安らぎがない ・お風呂に入れない　・安心してトイレに行けない ・勉強できない　・趣味のことができない	③休養・くつろぎの場 　個人生活の場
・友だちを呼べない・遊べない ・人との交流が少なくなる	④人とのコミュニケーションの場
・住所がなくなる※ 　→仕事に就けない（日雇い労働などは可能） 　→家を借りられない（家を借りるには住民票が必要なケースが多い）	⑤社会的信用を得る

※一部のネットカフェでは住民登録や郵便物を受け取ることができる。

3．ハウジングプアの実態

状態	実態
①家はあるが，居住権が侵害されやすい状態	●家賃が1日遅れただけで，部屋の鍵の交換，違約金の支払いの強要，荷物撤去，荷物処分されるなどの被害が多発（ゼロゼロ物件※）。　※発展例③参照 ●「派遣切り」された非正規雇用労働者のうち，派遣会社の寮や社宅に住んでいた労働者は，仕事と同時に住まいを失った。
②屋根はあるが，家がない状態	●2007年厚生労働省の調査で，ネットカフェで週の半分以上オールナイトで利用する「住居喪失者」は5,400人と推計されると発表した。この調査対象住居喪失者は，ネットカフェ以外で，路上（41.1％），ファーストフード店（46.4％），サウナ（32.1％）（いずれも東京）などを利用している。②の状態の人は，全国で10万人か，それをはるかに上回る数になるのは間違いないといわれている。 ●上記の調査で，居住喪失理由は「仕事を辞めて家賃等を払えなくなった」（東京32.6％，大阪17.1％），「仕事を辞めて寮や住み込み先を出た」（20.1％，43.9％）と，どちらも失業が大きな契機となっており，「家族との関係が悪く住居を出た」（13.8％，12.2％）ケースも見られる。実家など住むところとして最後に頼れる場所が「ない」と回答した人も，東京53.1％，大阪75.6％いる。 ●全国のドヤには，日雇い労働者31,800人が居住しているといわれる。
③屋根がない状態	●2009年1月厚生労働省調査で全国15,759人。しかし，この調査は，日中に目視で行われる調査であるため，就寝時のみ路上で過ごす人も多いことから，実際の数よりも少なめに出るといわれている。全国で少なくとも2～3万人は存在すると推計される。

（稲葉剛『ハウジングプア』山吹書店，2008，p.15～25より作成）

4．ハウジングプアと居住権の保障

(1) 資料①を読み，①社会問題に興味・関心をもち，当事者意識をもって課題をとらえることの重要性，②自分の行動によって社会が変わることを知り，「社会的排除」を生み出す社会のしくみを自分の働きかけで変えていこうとする視点の重要性を理解しておくとよい。

(2) 国が「居住権」を基本的人権の一つとして国民に保障すべきであるが，資料②のように「ネットカフェ難民」「ゼロゼロ物件」などが社会問題化している現在では，国民の居住権は保障されていない。こうした実態をふまえ，自分たちの「居住権」を守るために，国が行うべきこと，また自分ができることを考える。

(例)

国が行うべきこと	自分ができること
・公共住宅政策を拡充する（家賃，敷金などの初期費用が安く，連帯保証人や更新料が不要で，適切な居住環境を保障する） ・政府が家賃を補助する ・貧困ビジネスを法的に規制する　　　　　など	・家を借りるとき，契約書をよく読む ・ゼロゼロ物件を借りない ・万が一ゼロゼロ物件の被害にあったら，相談窓口で相談する 　　　　　　　　　　　　　　　　　　　　など

(3) 資料③によりハウジングプアの原因は「自己責任」でなく，社会のしくみに問題があることを理解する。そのうえで，「貧困スパイラル」を断ち切るために，居住権が侵害されない環境で生活できるような就業・所得保障を国が行う必要があることを押さえるとよい。

(例)

国が行うべきこと	自分ができること
・最低賃金額の値上げをする ・安定した雇用を保障する ・職業訓練中の生活費の保障をする　　　　など	・雇用契約書をもらう ・雇用契約書をよく読む ・給料が支払われない，突然解雇された場合，相談窓口で相談する　　　　　　　　　など

5．住宅政策

　住まいを失うことで，基本的人権が奪われ，人間らしい生活ができなくなる，仕事に就けない，人とのかかわりがなくなるなど，さまざまな問題が生じる。よって，生活をするために必要な最低限の住まいの確保は，戦後ヨーロッパ諸国では福祉政策の重要な一分野として，医療や教育などと同様に扱われてきた。そして，今日では「国際人権規約」や「イスタンブール宣言」に基づき，住まいを「基本的人権」の一つとして国民に保障することは，住宅政策の世界的潮流となっている。

　しかし，日本ではヨーロッパ諸国に比べて，公共住宅が全住宅に占める割合が低く，持ち家が全住宅に占める割合（持ち家住宅率）が61.1％と高い。その背景には，戦後，政府が住宅建設を経済成長のエンジンとみなし，持ち家の取得を国民に促したことがある（戦前の持ち家住宅率は22.3％（1941年）に過ぎない）。そして，日本では，公共住宅，民間賃貸住宅，社宅などは持ち家取得のステップとして位置づけられていたこともあり，公共住宅政策は拡充されてこなかった。その代わりに役割を担ってきたのは，企業（住宅手当，社宅など）であったが，中小企業では低水準で，非正規社員には支援がない。つまり，寮に住む非正規社員は失職と同時に住まいも失う（年越し派遣村などを事例としてあげてもよい）。住宅の確保を社会保障の中心と位置づけ，政策展開を図る必要がある。

6．ゼロゼロ物件（発展例③参照）

　通常は，賃貸物件を借りる場合には，「賃貸借契約」を結ぶため，正当な事由なしに解約されることはなく，借地借家法で入居者の居住権を保障しているため，家賃を１～２か月滞納したという理由だけで入居者を退去させることは法的には不可能である。しかし，ゼロゼロ物件の場合，「賃貸借契約」ではなく，鍵の一時利用（「施設付鍵利用契約」）という居住権を認めない契約にしているため，１日でも鍵利用料の支払いが滞れば，鍵つきの部屋を使う権利がなくなり，鍵を交換され家を追い出されたり，高額な違約金を支払わされたりする。そのため，契約書をきちんと確認することが大切である。

ワークシートの解答例

ワーク１～２　解説・補足・教師用資料２参照

ワーク３　①シェルター　②家庭生活の場　③休養・くつろぎの場　個人生活の場　④人とのコミュニケーションの場　⑤社会的信用を得る

ワーク４　①ゼロゼロ　②③ネットカフェ　ファーストフード店　④貧困　⑤居住権

ワーク５　⑥生存権　⑦基本的人権　⑧権利　⑨国　⑩責任

ワーク６　解説・補足・教師用資料４参照

ワークシート ⑧ ハウジングプアから考える住まいの機能と住まう権利

ワーク1 下の事例を読んで、住む家がなくなって、ネットカフェで生活することになったら、困ることを考えよう。

【ネットカフェで暮らす人（ネットカフェ難民）の生活】

　Aさんの場合は3か月前に派遣切りにあい、住んでいた社員寮を出なければならなくなった。その後、家を借りるだけのお金がないためネットカフェを使い分けて暮らしている。眠るときは1時間100円、あるいはナイトパック900円（10時間）の店などを使うが、安いところが満室のときは、24時間営業のファーストフード店で過ごす。眠ると追い出されるので始発の電車が動き出すまで眠いのを必死にこらえている。シャワーを浴びるときは、1時間400円でバスタオル・歯ブラシ・シャンプーなどが使え、カップラーメンとドリンクがついてくるネットカフェを利用する。荷物は1日300円、6時間100円のコインロッカーを使用し、大きいロッカーには、アルバムや思い出の品、かさばる服などをずっと預けている。日々の着替えや生活必需品などは小さいロッカーに預けて仕事に出かけ、毎日2回は開け閉めをしている。ロッカーコーナーの隅で着替えることもある。友だちとの交流はなくなった。仕事は定住先がないのでなかなか見つからず、毎日お金がないと生きていけないので日雇い派遣で何とかしのいでいる。

ワーク2 『ホームレス中学生』の事例から、住む家がなくなって、公園で生活することになったら、困ることを考えよう。

ワーク3 住む家がないと困ることから、住まいの機能を考えよう。

①
②
③
④
⑤

ワーク4 ハウジングプア（注）の状態をまとめてみよう。

表　ハウジングプア

状　態	生活する場所
1．家はあるが，居住権が侵害されやすい状態	・（①　　　　　　　　）物件⇒家賃を滞納すると追い出される ・派遣会社の寮や社宅⇒仕事を失うと同時に家も失う
2．屋根はあるが，家がない状態（ここでの家とは，プライバシーが守れて，居住権が保障された住宅のことをいう）	・（②　　　　　　　　）・（③　　　　　　　　　　） ・サウナ・カプセルホテル ・簡易旅館（ドヤ） ・緊急一時宿泊施設　など
3．屋根がない状態（野宿状態）	・道路・公園・河川敷　など

（稲葉剛『ハウジングプア』山吹書店，2008，P.17より作成）

→ つまり，ハウジングプアとは（④　　　　　　）ゆえ（⑤　　　　　　　　）が侵害されやすい環境で生活せざるを得ない状態をいう。

注「ホームレス」という言葉についても言えることであるが，これらの言葉は，特定の人を指す言葉ではなく「状態」を表す言葉である。

ワーク5 「居住権」とは？

「居住権」は法律でどう定められているのか？（法的根拠）

○憲法第25条1項…国民の（⑥　　　　　　　　　）の保障
　「すべて国民は，健康で文化的な最低限度の生活を営む権利を有する」
○国際人権規約（A項11条）…適切な住まいに住む権利を保障する
○イスタンブール宣言…居住の権利を（⑦　　　　　　　　　　　）として保障する

↓

「居住権」＝住まう（⑧　　　　　　　）

　継続的に適切な住居費で快適な住まいに住める権利のこと。
　法令上の用語ではないが，生存権に基づき，居住を生存に必要な権利として主張する場合に用いられる概念。
　（⑨　　　　　　）は，健康で文化的な最低限度の生活ができる居住権が保障された家を用意する（⑩　　　　　　　）がある。

ワーク6 自分たちの居住権を守るためにはどうしたらいいか，資料①～③をもとに考えてみよう。

国が行うべきこと	自分ができること

ワーク7 今日の授業で学んだことや考えたことをまとめよう。

資料① 「居住権」法案，仏政府提出へ　ホームレスら，国動かす

　フランスで「屋根の下で暮らす権利」が，教育や医療を受ける権利と並ぶ国民の基本的な権利に加わることになった。ホームレスと支援団体が，200のテントをパリの広場や遊歩道などに並べて，市民に路上生活を体験してもらう活動を始めた。体験を希望する市民や著名人が続出し，住宅政策の貧困さをアピールするこの運動が全国の約20都市に拡大した。不動産の高騰や雇用の不安定化で，自分もホームレスになるかもしれないという不安が市民に強まっていることも，関心が広がった理由とみられる。急速な関心の高まりに，左右の各政党は相次いでホームレス対策を春の大統領選の公約に掲げ，政府が居住権を保障する法案提出を約束した。ホームレスパワーが国を動かした形だ。

(朝日新聞2007年01月08日記事より)

年　　　組　　　番　　名前

資料② 夫婦で職求め，東京漂流　寮→ネットカフェ→ゲストハウス→生活保護

　仕事を求めて東北地方から上京した一組の夫婦が，この春，インターネットカフェで寝起きする暮らしに追い込まれた。（中略）

　夫婦で暮らせる部屋を探した。妻がインターネットで「敷金・礼金ゼロ，保証人不要」の部屋探しサービスを見つけた。事務所に足を運び早速申し込むと，「施設付鍵利用契約書」という書面に「居住権は認められない」とあった※。気になったが意味がよくわからなかった。

　4畳半ユニットバスつき，家賃5万9千円。敷布団がなく段ボールの上で寝たが，2カ月ぶりに夫婦の暮らしに戻った。しかし新たな不運に見舞われる。夫はネットカフェ暮らしで腰を痛め，ぜんそく発作も加わり働けなくなった。妻は精神的な症状が悪化，服飾店員の面接に3社続けて落ちた。収入が断たれた。

　「家賃」（利用料）の遅れには厳しいペナルティーが待つ。契約時に押印した書面では，支払いが1日でも遅れたら入室できなくなり，利用料の10％の違約金を払う。再利用するには1万5千円余りの再利用料を払う定めだった。

　支払期限は刻々と迫る。2人で野宿か，それとも――。夫は壁に張った風景写真に自分が書いた言葉を見つめた。「人間として生き，人間として死にたい」

　夫婦は決断した。テレビ番組で知ったNPO法人「自立生活サポートセンターもやい」に電話し，生活保護の申請を相談。もやいの支援で生活保護の受給が決まり，新たなアパートに引っ越した。

（朝日新聞2007年09月19日記事より）

※一般の賃貸借契約であれば，借地借家法で，契約更新などさまざまな場面で借り手の権利が保護される。

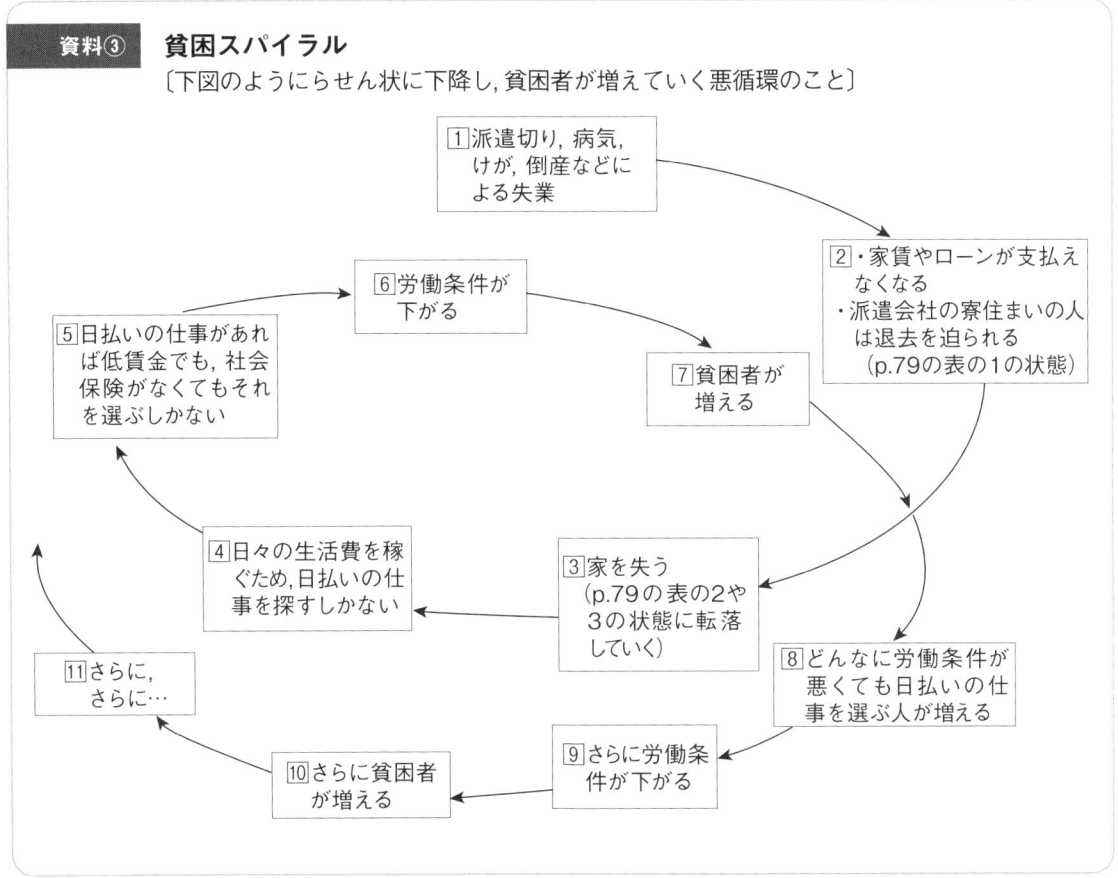

資料③ 貧困スパイラル
〔下図のようにらせん状に下降し，貧困者が増えていく悪循環のこと〕

1　派遣切り，病気，けが，倒産などによる失業
↓
2　・家賃やローンが支払えなくなる
・派遣会社の寮住まいの人は退去を迫られる
（p.79の表の1の状態）
↓
3　家を失う（p.79の表の2や3の状態に転落していく）
↓
4　日々の生活費を稼ぐため，日払いの仕事を探すしかない
↓
5　日払いの仕事があれば低賃金でも，社会保険がなくてもそれを選ぶしかない
↓
6　労働条件が下がる
↓
7　貧困者が増える
↓
8　どんなに労働条件が悪くても日払いの仕事を選ぶ人が増える
↓
9　さらに労働条件が下がる
↓
10　さらに貧困者が増える
↓
11　さらに，さらに…

湯浅誠『どんとこい，貧困』理論社，2009をもとに作成

教材9 ホームレスからの脱出法

教材の位置づけ

社会環境が激変するなか，格差社会の影響は大人だけでなく子どもにも及んでいる。どのように暮らしをつくりかえていけばよいのかを考えることは，まもなく社会に出ていく高校生にとって非常に大切な学習であろう。『ホームレス中学生』を題材に，その内容を読み解きながら，社会のなかで主体的に生活できる力，社会を変革できる力を育てたい。

> フリーターには絶対なりたくない！でも正社員になれず，病気になったり，生活が苦しくなったときにはどうしたらいいの？

用意するもの

配布資料，必要であれば生徒用『ホームレス中学生』あらすじプリント

学習の展開

導入

1. 今日は，社会保障制度を利用したり，みんなで助け合うことが，生活の安定にどのようにつながるのかを考えてみよう。

展開

2. 『ホームレス中学生』の概要を把握する。
3. ワークシートでこの話の詳細を確認する。

　①田村君が生活困難に陥るきっかけとなった出来事を，順に確認する。
　②①の出来事に対し，それぞれどのような社会保障制度がセーフティネットの役目をするのかを，順に確認する。
　③田村君が野宿生活を乗り切れ，ホームレスから脱出できるきっかけになった背景に，どのような人の支援があったのかを確認する。

4. 頼れる人がいないときに，相談できる場所があることを知る。

まとめ

5. 誰もが健康で文化的な最低限度の生活をする権利があることを確認する。

なぜ『ホームレス中学生』を教材化したのか

　格差社会や貧困をテーマにした授業は、どうしても暗い話になりがちである。実際に生活困難世帯の生徒がいる場合、その生徒を教室にいられない状況に追いつめかねない。私たちは『ホームレス中学生』であれば、実在する人物(身近なお笑い芸人)が実際に体験した話であり、生徒はリアルな社会問題を客観的にとらえやすいと考えた。

　また、誰にも依存せず自分の力で生活すること(自助)ができればよいが、自分ではどうにもならないとき、家族や地域の人など身近なネットワークを利用して、その力を借りたり、アドバイスをもらったり(共助)することの大切さや、万一健康で文化的な最低限度の生活が営めないような状況に陥ってしまったときに、年金・医療・社会福祉サービスなど(公助)の活用方法を知っていることは、極めて重要である。『ホームレス中学生』では、これらもわかりやすく学ぶことができるという特長に注目し、教材として取り上げることにした。

学習の展開(詳細)
1.『ホームレス中学生』の内容を把握
(1)この本のあらすじを教員が説明

　中学2年生の夏休みに入ろうとする日に突然、お父さんから『解散宣言』をされた田村少年が公園で生活することになり、そこでどんな生活をしていたか、その後どうなっていったのか、が書かれている。

　お父さんが「解散宣言」をした理由は、お母さんが小学校5年生の時に病気で亡くなってしまい、お父さんはその代わりもしようと必死だったこと、そのためにお父さんも病気になり入院したために仕事をなくしてしまったこと、借金が膨らんで家を売らなければならなくなり、代わりに住む家がなくなったためであったことを確認する。

　さらに大学生、高校生の兄と姉がいたが、心配をかけたくないために友だちの家に行くと言って公園で生活を始めたことなど、公園で生活することになった背景を説明する。

(2)公園での生活が具体的に記述された部分を、教員が読み聞かせをするか、プリントにして生徒に黙読させる。

　「次の日もやっぱり暑くて目が覚めた。もう昼前だったらしくウンコ(※読み手の注釈：田村君が寝泊まりすることにした巻貝をモチーフにした滑り台のこと)に直接日光が差していて、相当な汗をかいていた。喉がカラカラだったので、ファンタを残しておいて正解だったなと思いながらファンタを勢いよく口にふくんだが、残しておいたことは不正解だった。枕元のファンタは直射日光に晒されていた。太陽の恵みを受けたファンタは温かく、ホットの炭

酸はお世辞にも美味しいとは思えなかった。冷蔵庫のない生活は初めてで，今までファンタなんかは冷たいのが当たり前だったからびっくりした。」(p.16-17〈単行本：本文，以下同〉)

「何も食べるものが無く，困り果てているときに目に飛び込んできたのは，公園の草。その草が食べられるのかどうかなんて全くわからないが，何か口に入れなければ待っているのは死である。とりあえず草を食べてみる。草は苦くて緑臭くて美味しくなかった。野菜と大差ないはずなのに，みんなが食べないわけである。…(中略)…草だけの日もあった。草はどれだけ食べても大して腹は膨れず，飽きもすぐにきて，見るのもうんざりしてくる。そんなとき，目に飛び込んできたのはダンボールだった。もしかしたら食べられるかもと，ダンボールを食べたこともあった。そのままでは食べられなさそうだったので水に濡らした。おひたし的発想だったけど，味はおひたしには程遠くクソ不味かった。臭くてたまらなかった。とても飲み込めなかったけど，それでも空腹は少しは紛れた。」(p.22-23)

その頃「お兄ちゃんとお姉ちゃんは，…(神社の横の公園から)…タコ公園というところに生活の拠点を移していた。…(お姉ちゃんは)お兄ちゃんがバイトで居ない夜は寝るわけにいかず，公園に居るわけにもいかず，朝までずっと1人で町を歩き回っていたらしい。こんな状況に追い込まれ，精神的疲労はピーク，(中略)肉体的な疲労もピーク」に達していた。(p.59-60)

■時間がある場合，以下の部分も読み聞かせをしたり，口頭で説明するとよい。
・毎日お金を探して歩いたこと（p.21）
・鳩の餌であるパンの耳をもらったこと（p.26-28）
・ウンコの中で寝ていたら子どもに石を投げ込まれたこと（p.29-36）
・ウンコは天井がないので，雨が降り込んできて濡れてしまい，荷物と一緒に避難したこと（p.37）
・雨がシャワー代わりだったこと（p.37）
・トイレは草むらでOKだったが，野良犬がいて安心できなかったこと（p.38-39）
・洗濯を手でして鉄棒に干したら錆が付いたこと，また風で干したTシャツが飛んでいってしまったこと（p.41-43）
・その頃お互い好き同士の女の子に町で偶然会い，デートに誘われたが，デートに回すお金が用意できず，断るしかなかったこと。デートを断ると，「代わりに家に遊びに行きたい」といわれたが，OKしたくても家がなかったので再び断ったら，それ以来彼女は喋ってくれなくなったこと（p.44-46）
■ここで紹介した部分は，次ページの表の『コミック ホームレス中学生』該当ページを見ると，生徒はより理解しやすい。

単行本ページ	内　容	コミック該当ページ
21	毎日お金を探して歩いた	45，96
22－23	草や段ボールを食べた	47－52
26－28	パンの耳をもらった	102－106
29－36	ウンコの中に石を投げ込まれた	29－31
37	ウンコは天井がないので雨が降り込む	54－56
37	雨がシャワー代わり	57－58
38－39	トイレは草むら	59－60，62－63
41－43	洗濯が大変	65－66，68－69
44－46	友だちを家に呼べない	97－101
59－60	お姉ちゃんは大変	81－85

＊なお，単行本のファンタの記述(p.16－17)は，コミックにはない。

2．ワークシートで話の詳細を確認

話の流れを確認しながら，ワークシートの空欄を生徒と一緒に埋めていく。

①田村君が階段を転げ落ちる(次第に生活困難に陥る)きっかけになった出来事①～⑤について，雲の形の吹き出しから選ぶ。

②田村君が階段を転がりそうになったとき，もし社会保障制度を利用していたら野宿生活をしなくてすんだ。①～⑤を失ったとき，それぞれどのような制度がセーフティネットの役目をするのか，吹き出しから選び，A～Eを埋める。

③田村君が野宿生活を乗り切れ，脱出できるきっかけになったのは，どのような人の存在や助けがあったからか，以下の解説を生徒に話しながら⑦～⑨を埋める。

解説・補足・教師用資料

1．ワークシート⑦～⑩について

⑦川井(よしや)君との出会いでまきふん公園生活から脱出

- 公園生活を始めて1か月弱が経ったある日，お金を探して歩いていると，友だちのよしや君に会った。お腹が減っていたので，ご飯だけでも食べさせてほしいと思い，少し事情を話すと，よしや君は家に連れて行ってくれた。
- よしや君のお母さんは，まずお風呂に入れさせてくれ，ご飯を食べさせてくれた。
- そろそろ帰らなければ，と立ち上がった瞬間，よしや君が「ずっとこの家におったらエエやん」と言ってくれ，お母さんも「この家に住むんやったら，ちゃんと事情を話し！」と言ってくれたので，僕は，すぐに事情を話した。
- お母さんはすべてを理解してくれた。そして，僕はよしや君の家に住むことになる。

⑧よしや君のお母さんが生活保護の利用を教えてくれた

- 夏休みも残すところあと3日というときに，よしや君のお母さんから僕のお兄ちゃんとお姉ちゃんが招集された。
- 「兄弟3人で一緒に生活したほうがいい」「近所の人と協力して，3人のために家を借りることにした」「生活保護も受けられる」と言ってくれた。

⑨清君のお父さんがアパートを見つけてくれた
・次の日，清君のお父さんが安くて即入居できて，学校からもある程度近い物件を見つけてくれ，引越しをした。生活に必要なものなどは，よしや君のお母さんや清君のお父さんが揃えてくれた。
⑩１人一日1,000円という生活費を手に入れた
・生活保護費が入るようになり兄弟３人で暮らせるようになった。そして，何事もなかったかのように２学期が始まり，一日1,000円が僕の生活費として使えるようになった。

２．教材について

『ホームレス中学生』は，単行本(田村裕著，ワニブックス)のほかに，『コミック ホームレス中学生』『コミック 続ホームレス中学生』(田村裕著，ヨシモトブックス)がある。授業をすすめる上で，教員が一度目を通しておくことをお勧めする。また，ワークシートは，『身近なことから世界と私を考える授業』(開発教育研究会編著，明石書店)を参考にした。

３．授業をすすめていく上で

★社会保障制度を確認する際，相談窓口がどこにあるのかを，ワークシート左下の表で確認してほしい。
　また，「自分には頼れる人がいない」「どうしてよいかわからない」人のために，ワークシートに「ホームレスから脱出するための相談窓口」も掲載した。
　現在，このような組織の存在が強く求められているため，配布資料で詳細を説明してほしい。

★児童手当
　子ども手当法は2011年９月で失効し，2012年４月から「児童手当」改正法が施行されている。所得制限の導入による支給額の変更と，所得制限の対象にならない世帯については，対象年齢等により支給額が変更した。
　西欧諸国(イギリス，フランス，ドイツ，スウェーデンなど)の児童手当は，いずれも所得制限を設けていない。

★生活保護を受ける
　生活保護には生活費・住宅費・医療費が含まれ，これはすべての国民が健康で文化的な最低限度の生活が守られるための，生活全体を保障する制度である。
　ただし，受給されるためにはさまざまな条件があり，簡単に受給できるものではない。受給者への偏見もある。
　＊申請のしかたや窓口で申請を断られるようなことにならないための知恵『路上からできる生活保護申請ガイド』(ホームレス総合相談ネットワーク，定価1,000円)がある。

発展学習

1. ワークシート⑥〜⑩の出来事が，それぞれ自助・共助・公助のどれに当たるのかを確認してみよう。

   ⑥ まきふん公園での生活を乗り切れた　自助・共助

   田村君自身が健康だった（自助）ことや，我慢強く（自助），根性もあった（自助）ことなどが，公園生活を乗り越えられる要因であったのだろう。

   ただし，そこには彼の心のよりどころとして，兄姉とのつながり（共助）や，いつも自分を見守ってくれているのだという，亡き母親とのつながり（共助）があったことも大きい。

   ⑦ よしや君との出会いで，まきふん公園生活から脱出　共助・自助

   友だちが声をかけてくれた（共助）ことが，生活を一変させるきっかけとなったのだが，その時，正直に「ご飯を食べさせてほしい（助けてほしい）」と言えた田村君の勇気（自助）も大事な要素であった。

   ⑧ よしや君のお母さんが，生活保護の利用を教えてくれた　共助

   ⑨ 清君のお父さんが，アパートや家財道具を見つけてくれた　共助

   ⑩ 一人1日1,000円という生活費を手に入れた　公助

   さまざまな条件がクリアでき，生活保護（公助）を受給できた。

2. もし自分が田村君だったら，どうなっていただろうか，考えてみよう。

ワークシートの解答例

① 健康　② 仕事　③ 家族　④ 家　⑤ お金　　＊②の「仕事」は正規労働のこと
A 医療　B 雇用　C 住宅　D 住宅　E 生活
⑦ 川井（よしや）　⑧ 川井（よしや）・生活保護　⑨ 清

生徒の反応や感想

・学生たちはこのような身近な題材を使用して学ぶことができるとは思っていなかったようなので，とても興味深く取り組んでいました。また，大変わかりやすいという反応もありました。

・どのようなときにどのような社会保障を受けることができるかを知っているのと知らないでは，天と地の差がある。

・「田村君」のようにならないとも言えないので，さまざまなセーフティネットの知識が得られたことに安心があるようでした。

配布資料　家を失ったら助けを借りよう
〈Tさんがホームレスを脱出できたのは…〉

Tさんは，故郷の高校を卒業し就職しましたが，会社が倒産し失業しました。

元々家族との関係もあまりよくなく，失業したことで家にも居づらくなり路上生活になってしまいました。

これではいけないと思ったTさんはインターネットで生活支援をしてくれるNPO法人自立生活サポートセンター「もやい」をみつけ，思い切って上京してきました。

早速訪ねて自分の状況を説明しました。

そして，先ず「生活保護」の申請に行くことになり，職員の方が同行してくれました。

次に，住むところを決めるためにアパート探し。「もやい」はそのための保証人にもなってくれました。

（NPO法人自立生活サポートセンターもやい『事業報告書』(2009～2010年版)より）

「もやい」に来れば誰かがいて，ご飯を一緒に食べたりおしゃべりができ，もう一人ではありません。これで東京での一人暮らしのために仕事を探せます。

> 「自立」とは，ひとりで生きることではなく，つながりの中で生きること…人生の再出発を迎える皆さんと一緒に，新生活の基礎づくりをお手伝いする。
>
> そして，誰もが排除されることなく，安心して暮らせる社会をつくっていく。それが私たちの活動指針であり，理念です。
>
> 理事長：稲葉剛　　事務局長：湯浅誠

http://www.moyai.net/より

〈政府の緊急雇用対策本部のプロジェクト：平成22年～〉

🌏 パーソナル・サポート・サービス（PS）について

　失業や災害等が原因で生活の歯車が狂い始めると，生活苦やメンタルヘルスの悪化など複合的なトラブルを抱えるに至ってしまうことがあります。公共サービスがあっても，その人を気遣い，サービスにつなげる手伝いをする人がいないと，縦割りの隙間に落ち込んでしまうこともあります。PSは，一人ひとりに寄り添う伴走型の支援を行うことで，生活破綻を食い止め，居場所や就業を通じた社会参加を確保し，その人が再び元気に歩き始めるお手伝いをし，社会の絆を再生したいと願っています。

元内閣府参与　湯浅誠

http://ps-service.jp/ より

支援プロセスイメージ（内閣府資料から作成）

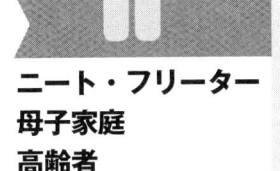

ニート・フリーター
母子家庭
高齢者
心の病気を抱えた人

①入口支援
対象者の経済状況・家庭状況等の把握

②支援段階
・自立に必要な支援の見きわめ
・支援プログラムのコーディネート

③出口支援
・受け皿となる地域就労先の開拓・対象者就労支援
・自立後も含めた継続的フォロー

ボランティア・スキルアップに向けた実践的訓練・資格取得に向けた講習

自分一人で解決できないときには ➡ 人の力を借りる（共助・公助）

発展：次のような人を救うためにはどのような団体があるか調べてみよう。

Aさん（25歳）	Bさん（22歳）
関東地方出身。両親，妹の4人家族。高校卒業後は，大手電機メーカーのグループ会社に就職するが3年でリストラにあう。その後アルバイトと派遣を繰り返し，人と会うのが怖くなり家にこもりがちになる。その状態を家族は快く思っておらず，関係が悪化し，家を飛び出し路上生活を始める。	東北地方出身。父親の暴力，母親の無視から逃れるため中学卒業後，上京。美容師見習を経て，定時制高校へ通うが中退。その後地元に戻り製菓工場で派遣社員として働くが，工場閉鎖により職を失う。上京しネットカフェに泊まりながら職を探すも見つからず，家にも帰れないので路上生活を始める。

ワークシート ⑨ ホームレスからの脱出法

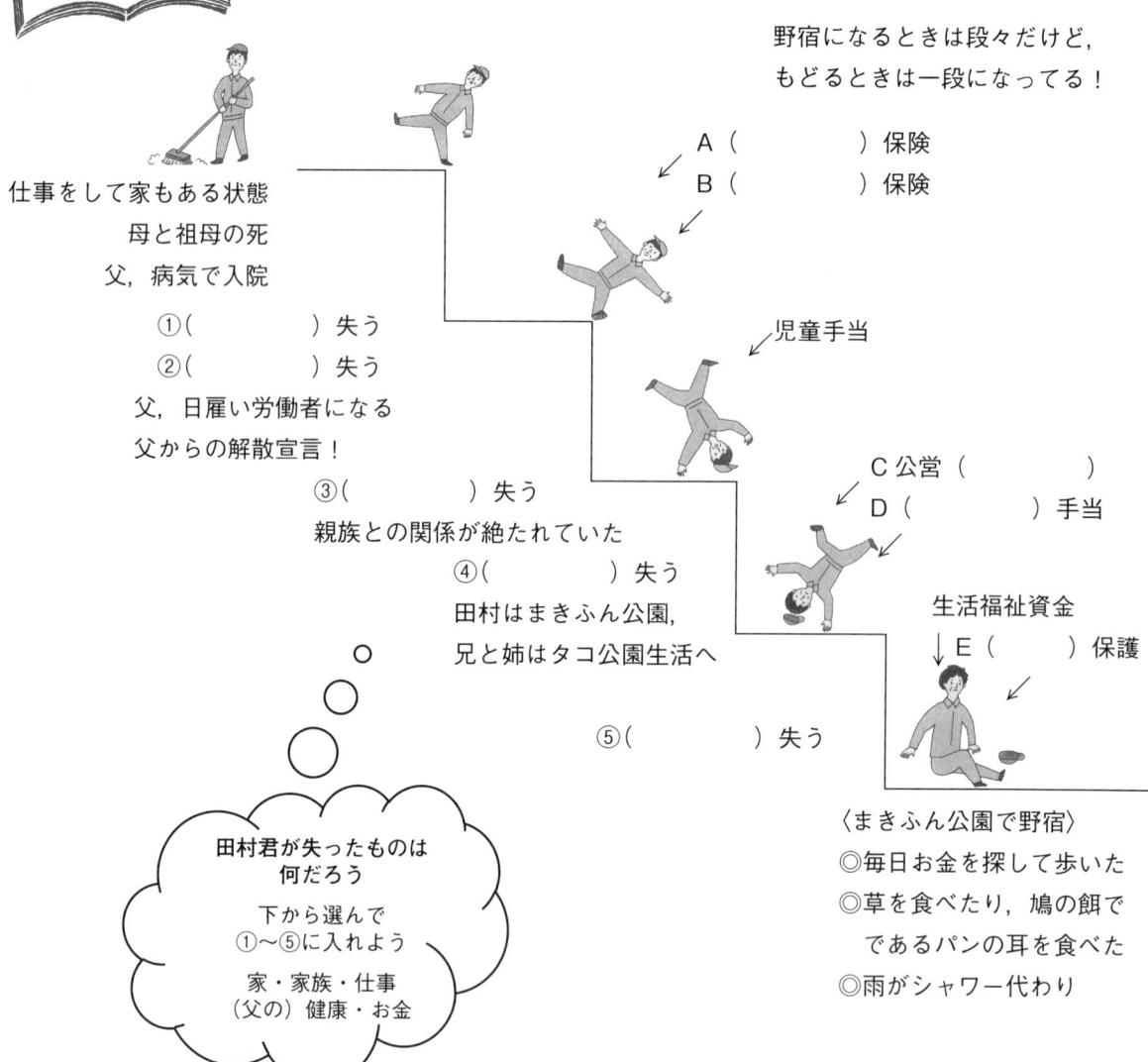

野宿になるときは段々だけど，もどるときは一段になってる！

仕事をして家もある状態
母と祖母の死
父，病気で入院

① (　　　) 失う

A (　　　) 保険
B (　　　) 保険

② (　　　) 失う

父，日雇い労働者になる
父からの解散宣言！

↙ 児童手当

③ (　　　) 失う

親族との関係が絶たれていた

C 公営 (　　　)
D (　　　) 手当

④ (　　　) 失う

田村はまきふん公園，
兄と姉はタコ公園生活へ

生活福祉資金
↓ E (　　　) 保護

⑤ (　　　) 失う

〈まきふん公園で野宿〉
◎毎日お金を探して歩いた
◎草を食べたり，鳩の餌であるパンの耳を食べた
◎雨がシャワー代わり

田村君が失ったものは何だろう
下から選んで①〜⑤に入れよう
家・家族・仕事
(父の) 健康・お金

	社会保障・社会福祉の相談窓口
医 療	健康保険組合，居住地の市区町村役場 （国民健康保険が払えない／高額医療費制度の利用など含む）
雇 用	ハローワーク
児 童	居住地の市区町村役場
住 宅	居住地の市区町村役場
生 活	生活福祉資金は連帯保証人がいない人に対しても貸付を行う（市区町村の社会福祉協議会か民生委員に相談）。 生活保護は市区町村の福祉事務所

社会保障の
A～Eに入れる
ものを下から選ぼう

医療・生活・
雇用・住宅

階段を転がり
落ちないための，
ストッパーの
役目を果たして
いるんだね。

仕事をして家もある状態

⑩一人1日1,000円という生活費を手に入れた

⑨(　　) 君のお父さんがアパート，家財道具を見つけてくれた

⑧(　　) 君のお母さんが (　　　　) の利用を教えてくれた

⑦(　　) 君との出会いで⑥から脱出

⑥まきふん公園での生活を乗り切れた

カンタンには戻れない大きな壁

田村君が階段を上れたのは，誰がいてくれたからだろう

◎段ボールを水に濡らして食べた
◎トイレは草むらで済ませた

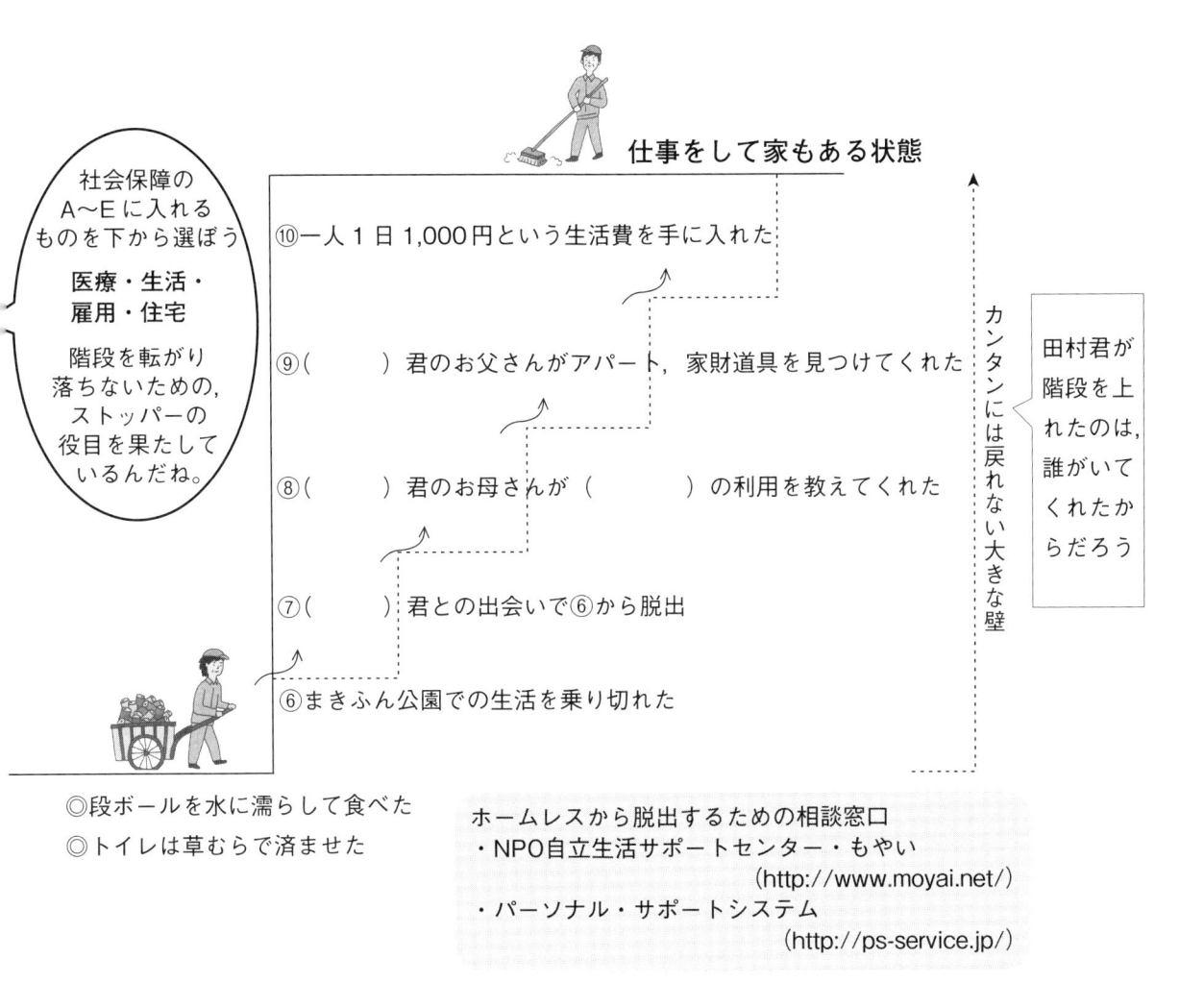

ホームレスから脱出するための相談窓口
・NPO自立生活サポートセンター・もやい
　　　　　　　　　　　(http://www.moyai.net/)
・パーソナル・サポートシステム
　　　　　　　　　　　(http://ps-service.jp/)

この授業で学んだことや感想を書こう。

年　　　組　　　番　　名前

参考・引用文献：生田武志,『身近なことから世界と私を考える授業』, 明石書店, 2009, p.92－93

教材 10 暮らしを守るセーフティネット 生活保護

教材の位置づけ

短期の派遣労働をしながら、ネットカフェで生活しているAさん(25歳)が、生活保護を申請する場面のロールプレイをグループで行う。この教材は、2つのことをねらいとしている。
① Aさんの生活状況を他人事ではなく、リアルにとらえることができる。
② 生活保護申請を疑似体験することにより、生活保護制度の理解を深め、利用とその課題について考察する。

用意する物
役割カード，配置図，ネームカード(親族，医師，相談員)

学習の展開

導入
1. 授業の流れ(グループで生活保護を申請する場面のロールプレイを行う)と授業の目的を把握する。(可能ならネットカフェのビデオを視聴し，状況を把握する)

展開
2. Aさん，親族，医師の役割を演じるグループを決める。
3. グループごとに配布されたカードを読み，その役割を理解する。
4. Aさんグループが福祉事務所，医師，親族をまわって，生活保護を受給できるように交渉する。
5. 他のAさんグループも同様のことを行う。
6. これらのやりとりをワークシートに記述して，生活保護のしくみと課題を知る。
★社会福祉事務所の相談員は，教師が演じる。

まとめ
6. ロールプレイを通じて，生活保護について考えたことを記述する。

解説・補足・教師用資料
1．ロールプレイの進め方
1）ロールプレイの前に
　①「ネットカフェ難民」の映像視聴
　　ロールプレイの前に，ネットカフェでの生活の具体的なイメージをもたせるために，ネットカフェで生活している若者の映像を使用するとより効果的である。
　参考映像：NNNドキュメント「ネットカフェ難民」～漂流する貧困者たち～（2007年1月28日　日本テレビ）

2）ロールプレイの準備（20～30分）
　①グループ分けと役割分担
　☆クラスを4つ以上のグループができるように分ける。1グループ3～4人のグループを作る。
　☆1グループで1人の役割を演じる。1グループが医師，1グループが親族，他のすべてのグループがAさんの役割を演ずる。
　②プリントの配布
　☆「ワークシート」「Aさんのお話」は全員に配布する。
　☆「役割カード」は医師，親族，Aさんのそれぞれに，その役割のみを切り離して配布する。
　③ロールプレイでのシナリオの準備
　☆医師グループ，親族グループは「役割カード」「Aさんのお話」を読んで，相談に来るAさんにどのように話をするか考えておく。
　☆Aさんグループは「Aさんのお話」を読んで，Aさんの就労，住居，社会保障，健康，家族などの状況を把握し，生活保護申請窓口で申請理由の説明を考えておく。
　④配置図の確認
　　それぞれの役割がどの場所へ行けばよいかを確認する。

3）ロールプレイ開始（30～40分）（p.94の配置図参照）
　①Aさん役のグループが，福祉事務所（相談員は教師が演じる）に行き，相談員に生活保護申請の理由を説明し，相談員からの質問に答える。
　②Aさん役のグループは，福祉事務所の相談員の指示に従い，医師役のグループへ行って相談する。
　③医師の回答を持って福祉事務所へ再度相談に行き，その相談員の指示に従って親族のグループに相談に行く。
　④親族の回答を持って福祉事務所に再度相談に行く。
　⑤福祉事務所の相談員役は，冷淡になりすぎないように，事務的に淡々と対応する。3度目に来たときに，生活保護申請の条件を満たしていれば生活保護申請書を受理するが，満たしていなければ受理せず，終了する。
　⑥1回目のロールプレイが一巡したら，新たなグループでAさん，医師，親族役になって

ロールプレイを行う。
　⑦何回かのロールプレイを終えたところで，教師が，どのようにすれば生活保護受給条件を満たせるかアドバイスし，不足分の解説を加えて生活保護申請書を受理まで進める。

4）まとめ（10分）
①生活保護の役割を確認し，授業のまとめと感想を記入する。

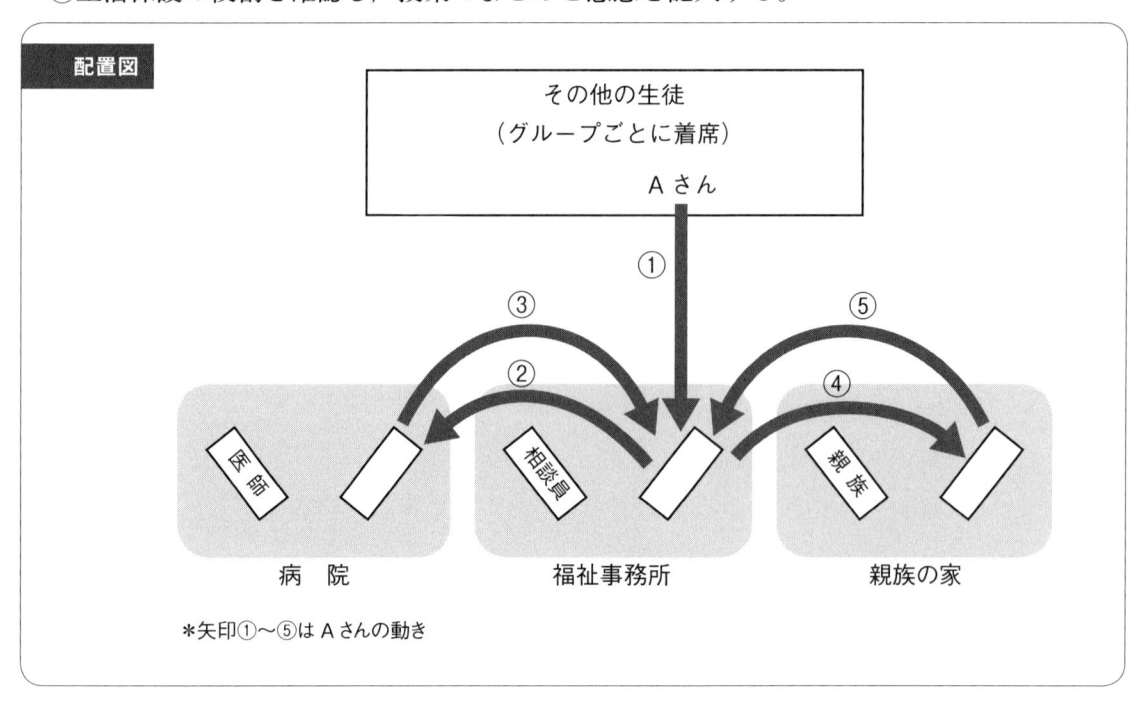

```
配置図

        ┌─────────────────┐
        │  その他の生徒      │
        │（グループごとに着席）│
        └─────────────────┘
               Aさん
                ①
         ③            ⑤
            ②      ④
    [医師][  ]  [相談員][  ]  [親族][  ]
     病　院      福祉事務所    親族の家

*矢印①〜⑤はAさんの動き
```

2．生活保護制度の理念と制度のしくみ

- **生活保護の役割**：憲法第25条の生存権を保障する最後のセーフティネットは，生活保護制度であり，公助として重要な役割を担っている。生活保護は，生活に困窮するすべての人に，その世帯の最低生活を保障し，自立を支援する制度。

- **支援の内容**：日常生活に必要な費用（生活扶助），義務教育に必要な費用（教育扶助），けがや病気の治療（医療扶助），家賃などの住宅の費用（住宅扶助），介護などの扶助がある。また，生活扶助を受けているときには，地方税，住民税などの減免も手続きにより受けることができる。

- **生活保護申請と保護基準**：生活保護申請は，自治体の福祉事務所が窓口になっている。野宿生活でも，今いる場所の最寄りの福祉事務所で申請が可能である。要保護と判定されると生活保護制度を利用することができ，世帯単位で決められた家族人数，年齢，居住地域などで受給額が決められている。したがって，働いて収入がある場合でも「最低生活費」に満たなければ，その不足分は「生活費」で賄われるというしくみになっている。また，生活保護の申請書類は，特に決まったものはないため，以下のサイトから作成した申請書類をダウンロードすることもできる。

http://www.moyai.net（NPO法人自立生活サポートセンターもやい）
また，同じサイトにある「生活保護のしおり」はわかりやすく参考になる。

- 保護が受けられる条件：利用しうる資産，能力，制度，その他のあらゆるものを活用しても最低限度の生活を維持することができないことが条件となる。申請では，①稼働能力，②資産（車も含む），③雇用保険，年金，介護保険など他の制度の利用，④親族からの援助が確認される。条件の詳細については，下記のサイトを参照のこと。

生活保護Q＆A　http://www.seiho110.org/（生活保護110番）

3．生活保護制度の課題について

　生活保護制度の課題も多く，利用しやすい制度ではないのが実状である。なるべく申請をさせないように働きかける「水際作戦」や申請の拒否，生活保護の強制的打ち切りなどは，国民の権利を保障する制度とはいえない。一方で，生活保護の不正受給，生活保護受給者を対象にした貧困ビジネスなどの問題で生活保護に関するチェックがより厳しくなっており，本当に必要な人が制度を利用しにくくなっている。

　また，生活保護の申請件数と生活保護受給者は増加している。生活保護受給者数は，2008年のリーマン・ショック以降に急増し，2011年7月時点で205万495人に上り，過去最多となった。世帯別の受給者は，高齢者の世帯が最も多く，働く能力はあるが仕事がないという世帯も増加しており，生活保護の課題は，高齢化や雇用労働状況の課題とつながっている。

4．発展教材

発展　①，②を読み，生活保護制度の課題について考えてみましょう。

① 何度面接を受けても就職もアルバイトも決まらず，生活保護を受けたいと福祉事務所に相談に行っても，「本気で仕事を探しているのか？」「若いからまだ働けるのでは？」と相手にしてもらえなかった。将来が不安になり，眠ることも食べることもできなくなり，病院を受診したら，重度のうつ病で就労不可と診断されて，生活保護が決まった。

② 厚生労働省が公表した2012年1月の生活保護受給者数は，209万1,902人で，過去最多を更新した。世帯別では「高齢者」が最も多く，64万1,680世帯。障害者世帯は11万6,109，母子世帯が，17万2,847，傷病世帯が32万1,791となっている。働く能力がある受給者を含む「その他」は25万8,485世帯で，増加幅が大きい。

生徒の感想

- 体調が悪くて働けないことをアピールするのが大変でした。生活保護は今まで簡単に申請できると思っていたけど，本当に誰にも頼ることができず，苦しんでいる人たちのために生活保護はあるのだと思いました。
- どれだけの理由で申請が通るのか，自分がその立場になって考えるとわかってきた。相談する前にあらかじめ制度を知っておいたり，理解することが大切だと思いました。

ワークシートの解答例

ワーク2　①健康で文化的な最低限度の生活　②自立　③保護費

福祉事務所相談員（教師）のシナリオ例

場　面		福祉事務所相談員（教員）の対応例	解　説
下記の1～4の質問の前に聞いておくこと	相談の開始	「今日はどういったご相談ですか？」	
	住所について尋ねる	「現在どこにお住まいですか。」	定住の場所がないこのような場合は，Aさんが利用しているネットカフェのある自治体の福祉事務所で相談することができる。
	住民票について尋ねる	「あなたの住民票のある自治体はどちらですか。」	生活保護の申請において重要なのは，住民票の所在ではなく，居住実態である。
1．働くことができるかどうか	安定した職を探しているか	「現在，仕事はされていますか？」	ただ職がみつからないからというだけでは，福祉事務所に相談に行ってもハローワークに行くことを勧められる。これまでの求職活動がわかるような記録など客観的にみて，十分に努力してもなお職がみつからない証拠があるほうがよい。
		「どの程度，仕事探しをしていますか？」「その記録はありますか？」	
		「ひと月の収入はいくらぐらいですか？」「安定した仕事に転職すればいいのでは？」	働いているが，その給料が最低生活費より低い場合，なぜ収入や利益を増やすことができないのかを示す客観的理由や証拠が必要になる。
	仕事ができない状況の確認	「本当にそんなに病気が重いのですか？」	稼働年齢にある人が働けないことを理由に生活保護を受けたい場合，客観的に働くことができないと認められる証拠が必要となる。傷病の程度と就労の可否は福祉事務所が主治医に調査を行う。経済的理由により通院ができない場合は，検診命令により，福祉事務所指定の病院で病状把握のための検診が行われる。
		「少し通院すればよくなるかもしれませんよね。」	
		「25歳だったら，若いんだし，少しくらい体調が悪くても働くことはできるじゃないですか？」	
	「病院で，働けない旨が記載された診断書をもらってきてください。」		
2．親族からの援助を受けることができないかどうか	家族からの援助の確認	「お父さんがいらっしゃるのですよね。実家に帰れないのですか？援助してもらえないのですか？」	保護申請が受け付けられたのち，扶養義務者に対して「援助できるかどうか」の調査が行われることがある。扶養義務が問われるのは，三親等以内の親族で，通常は「親・兄弟・子ども」「配偶者」などが対象となる。
	親族からの援助の確認	「親戚の方とか援助してくれる人は本当に誰もいないんですか？おばあちゃんがいるんでしょう？」	
	「お父さま，おばあさまから少しでも援助が受けられないか相談してきてください。」		
3．ほかに利用できる制度がないかどうか	雇用保険の利用の確認	「仕事を辞めても，とりあえず雇用保険どうにかなりませんか？」	生活保護は最後の手段として用意されているので，保護の適用前にほかに利用できる制度があれば，最大限活用される。高齢者なら年金や介護保険，失業者なら雇用保険，母子家庭なら児童扶養手当，病気・障害なら傷病手当や障害年金などがある。短期間だけの場合は，社会福祉協議会の貸付制度の利用を勧められる場合もある。
4．資産がないかどうか	預貯金の確認	「所持金や貯金はいくらですか？」	生活保護申請時の現金や預貯金は月額最低生活費の半額程度までしか保有が認められていない（東京を基準とすると，一人暮らしで4万円程度の現金）。
	車	「車は持っていますか？」	基本的に自動車の保有はできない。
5．結果	「……なので受給は難しいでしょう。」または「受給できる可能性が高いので申請してください。」		

Aさんのお話

Aさん（北関東出身・25歳）は、ネットカフェで寝泊まりするようになって1年近くになります。それまでは居酒屋の店員やコンビニの店員などいくつかの職を転々としていましたが、約1年前にファーストフード店のアルバイトを最後に、決まった仕事をするのを辞めてしまいました。今は、短期の派遣労働の仕事をしていますが、体の調子が悪くなり、仕事を続けられない状況です。貯金もなく、特に頼れる人もいないので、生活保護を申請の相談を一度してみようと、自分の住民票のある自治体の役所に相談に行くことにしました。

生活状況

最初は、定職についていましたけど、人間関係が原因で、クビになっちゃいました。結局、いろいろな職を転々としているうちに家賃が払えなくなって、ネットカフェで寝泊まりするようになったんです。利用しているネットカフェは、料金が安いので、なんとか暮らしています。ただ、やっぱり寝る場所としては、狭くて…。椅子に寝るから、体をまっすぐにできないし、寝返りも打てませんよね。朝起きると腰が痛くって。

仕事の状況

建築現場や解体などの肉体労働の派遣が今の主な仕事です。きつい仕事ですが、その割には賃金は安くって。とても、毎日は続けられないんです…。短期の派遣労働だから、失業保険もないし、労災（労働者災害補償保険）も適用外だし（注1）。国民健康保険の掛け金も払ってないので、健康保険証は持っていません。だから、けがや病気が一番怖いんですよね。体の調子が悪いので、早く別の仕事をみつけようと思うんですが、仕事は簡単にはみつからないですね。

健康状態

実は、最近すごく体調が悪いんです。特に、腰の痛みがひどくて。医者に行きたいんですが、健康保険証を持っていないから、診療代がかかると思って。重いものが持てなくなってきているし、今やっている仕事はもう続けられないと思います。そうしたら、ネットカフェにももう居られなくなると…思います。

親族の状況

家族や親戚とは、全然連絡をとってないです。母が中学生のときに死んで、父がいますけど、関係がよくなくって。父は、体の調子がよくなかったので、きちんとした仕事に就けなくて、収入が不安定でしたね。祖母が時々様子を見にきたこともありましたが、とにかく家を早く出たくて…。それで、高校卒業と同時に以前アルバイトで勤めていた居酒屋の寮に入ったんです。

注1 「労災（労働者災害補償保険）も適用外」とあるが、労働者を1人でも使用する事業は、適用事業として労災保険法の適用を受けることになり、加入の手続をとり、保険料を納付しなければならない。⇒教材⑤関連

役割カード

親族（父，祖母）
Aさんが、相談にきますので、どのように対応するか、グループで話し合っておいてください。父は体の調子が悪く、安定した就業でないため、収入が不安です。祖母は年金でぎりぎりの生活をしています。

病院の医師
Aさんが相談にきますので、Aさんの話を聞いてあげて、「少し休養し、腰に負担の少ないデスクワークなどの仕事を短時間なら続けることが可能」と応答してください。

福祉事務所へ行くAさんの役割
生活保護の申請を行います。相談員には、生活保護申請の理由を説明します。相談員からは、生活の状況、仕事の状況、健康状態、親族からの援助について質問があると思います。生活に困窮している様子が相談員にうまく伝わるように答えてください。

親族へ相談に行くAさんの役割
生活困窮の状況を父と祖母に話して、援助してもらえないか相談してみましょう。

病院へ行くAさんの役割
これまでの仕事と健康状態の状況を医師に話しましょう。どんな仕事なら続けられるのか聞いてみましょう。

ワークシート ⑩ 暮らしを守るセーフティネット 生活保護

生活保護申請の場面をそれぞれの立場に立って演じてみましょう。

ワーク1 ロールプレイの場面

　Aさんは，生活に困っているので，生活保護の申請をすることに決めました。生活が困窮していることが認められれば申請できます。社会福祉事務所に出かけ，Aさんの立場に立って，申請をしてみましょう。どのように話をするか吹き出しに記入しましょう。

① Aさんは，福祉事務所に生活保護の申請に行き，申請理由を述べる。

Aさんグループ　　　　　　　　　　　　　　　　　　　福祉事務所相談員
「働くことができないのですか？」

② 「診断書」をもらってくるように言われ，病院で説明をする。

Aさんグループ　　　　　　　　　　　　　　　　　　　医師グループ

③ 診断書をもらい福祉事務所で説明をするが…。

Aさんグループ　　　　　　　　　　　　　　　　　　　福祉事務所相談員
「親族からの援助を受けることはできないのですか？」

④ 相談員に、親族からの援助を受けるように言われ、相談に行く。

Aさんグループ　　　　　　　　　　　　　　　　　　　　親族グループ

⑤ 親族の回答を受け、福祉事務所に行く。

Aさんグループ　　　　　　　　　　　　　　　　　　　　福祉事務所相談員

ワーク2　生活保護の役割

生活保護とは、生活に困窮するすべての人に対し、（①　　　　　　　　　　　）を保障し、（②　　　　　　）を助ける制度である。

生活保護受給の条件＝あらゆる努力をしていても最低生活費に満たない収入しか得られない

申請の主なチェックポイント
- □本当に働けないのか
- □資産がないのか
- □ほかに利用できる制度はないか
- □親族からの援助は受けられないか

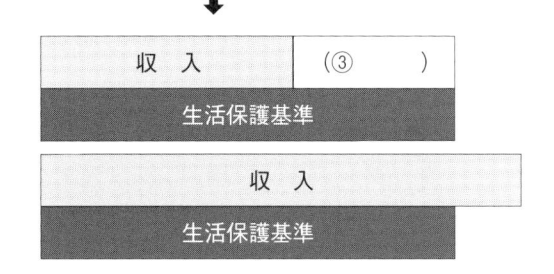

収　入	（③　　　　）
生活保護基準	

収　入
生活保護基準

ワーク3　授業のまとめと感想

ロールプレイをしてみて生活保護について考えたことを書こう。

年　　　組　　　番　　名前

COLUMN_004

ノルウェーの教育と高校生たち

2011年11月2日，国連開発計画が『人間開発報告書（HDR）2011』の内容を発表した。

	人間開発指数（HDI*¹）	不平等調整済み人間開発指数（IHDI*²）
1位	ノルウェー	ノルウェー
2位	オーストラリア	オーストラリア
3位	オランダ	スウェーデン

*1 保健，教育，生活水準の状況を評価する指標（国単位の平均値という性格上，国内で人間開発の水準に不平等があっても値に反映されないのが欠点）
*2 社会のあらゆる層の開発のレベルをより正確に把握する指標（HDIを補完）
ここでは，2つの指標で1位になったノルウェーに注目する。

ノルウェーの教育 ─18歳の自立とそれを支える教育制度─

　ノルウェーの教育政策は，社会的・文化的背景，居住地等にかかわらず，「すべての国民に平等に教育を受ける権利がある」という原則のもとに行われ，学校の役割を「知識と文化を伝えるだけでなく，社会流動性を高め*，すべての国民に富を創造する基盤を提供する」ものと位置づけている。
＊貧困などの世代を越えた固定化を防ぎ，職業選択の自由が失われないようにすること

●**特徴**● ①公立教育は高校まで無償，②義務教育（中3）までは教科書やノート類まで一切無料，③少人数教育，④障害のある人や特別な配慮を必要とする人のために，特殊教育を準備，⑤ランゲージ・マイノリティの生徒（移民の子どもたち）が高校卒業後に高等教育を受けられ，就職する機会を増やせるよう，国は彼らに対して特別な配慮をすることを規定，⑥子どもたちは18歳になると親元を離れて1人で生きていくため，生活的・経済的自立の実現を念頭においた男女平等教育を実施，⑦国立高等教育機関では授業料は無料。ただし，特定の専門教育プログラム，高度で特殊な教育プログラム，またはいくつかの私立教育機関での研究については，学費がかかることがある。⑧「ノルウェー教育ローン基金」が学生ローンを提供。また，高等教育の学生に生活費として補助金を支給。

　引用・主な参考文献
　　①『人間開発報告書（HDR）2011』国連開発計画（UNDP）　②ノルウェー王国大使館HP
　　③上掛利博，ノルウェーのゆとりのある子育て：女性と男性の人間的な暮らしと「18歳の自立」，
　　2009（http://www.yuki-enishi.com/ より）

　思想の違いや日本の人口の1/20ほどのノルウェーを，理想の福祉大国として単純に取り上げることは難しい。しかし，スウェーデンやフィンランドなど，他の北欧諸国も含めて，国民が税金の高負担に納得している背景には，国家理念を共有し，国民が社会保障制度や政治を信頼し，高い政治意識をもっていることがあげられる。日本が学ぶべき点はここであろう。

第 5 章

私たちには
学ぶ権利がある

教材 11 お金の心配なく高校に通いたい

教材の位置づけ

2010年4月，公立高等学校の授業料無償化や高等学校等就学支援金の創設により，家庭の教育費負担を軽減することになった。しかし，高校生活を送るには授業料以外にも多額の学校教育費がかかり，家庭の大きな負担となっている。そこで，本教材は次の2つをねらいとしている。
① 高校生活を送るために必要なお金（学校教育費）を把握する。
② 自分たちの学ぶ権利を保障するためにどのような制度が必要か考える。

学習の展開

導入
1. 高校生活を送るには，どのような費用がどのくらいかかるのかを予想して，発表する（ここでは学校教育費に限定する）。

展開
2. 自分が高校生活を送るためにかかる費用を計算する。【ワーク1】
3. 学費や家計のために高校生がアルバイトをせざるをえなくなり，それが高校生の生活に影響を及ぼしていることを知る。【ワーク2】
4. 資料を読み，自分たちの学ぶ権利を保障するためにどのような制度が必要か考える。【ワーク3】

まとめ
5. 今日の授業で学んだこと，考えたことをワークシートに記入し，発表する。【ワーク4】

解説・補足・教師用資料

1. 学校教育費の計算
   入学のしおりなどの学納金一覧，制服代・学用品代・教材費一覧を活用するとよい。
2. 学費や家計のために働く高校生の実態
   詳細は，p.6～7「高校生の今～労働と生活の実態～」を参照のこと。
3. 自分たちの学ぶ権利を保障するための制度
   先進的な事例として，COLUMN④「ノルウェーの教育と高校生たち」を参考にするとよい。

ワークシート⑪ お金の心配なく高校に通いたい

ワーク1 高校生活を送るにはどのくらいお金がかかるか（学校教育費）を計算してみよう。

学校納付金

①受験料　　　　　　　　　円
②入学金　　　　　　　　　円
③授業料　　　　　　　　　円
④PTA会費・生徒会費　　　円
⑤施設設備費　　　　　　　円
⑥その他　　　　　　　　　円

制服代・学用品代・教材費

①制服　　　　　　　　　　円
②通学かばん　　　　　　　円
③靴（通学靴，上履き，体育館シューズなど）　円
④体育用品　　　　　　　　円
⑤教科書　　　　　　　　　円
⑥副教材　　　　　　　　　円
⑦その他　　　　　　　　　円

通学関係費

①交通費　　　　　　　　　円
②その他（自転車など）　　円

積立金等

①修学旅行　　　　　　　　円
②その他　　　　　　　　　円

その他

①部活動費　　　　　　　　円
②その他　　　　　　　　　円

合計

　　　　万　　　　円

※そのほかに，生活費や，学習塾などの学校外活動費などが必要である。

ワーク2 学費や家計などのために働く高校生の実態に関するQ&Aを読み，感想を書こう。

Q1 高校生がアルバイトをする理由は？

A1 「こづかいのため」が約9割，「貯金をするため」が約4割（その目的も「将来に備えて」「進学のため」「万が一のため」など），「家計補助」が約3割，「学費に充てるため」が約1割。これらは，本来なら家計で支払うべきものであり，厳しい家庭の経済状況が影響し，生活費や学費の一部を稼ぐためにアルバイトせざるをえない高校生が多くみられます。

Q2 高校生はどれくらいアルバイトをしているの？

A2 平日は3～5日，4時間以上働いている人が最も多いです。なかには，深夜や8時間以上の就労といった労働基準法に違反しているケースも約2割みられ，長時間，深夜まで働かざるをえない高校生もいます。

Q3 こうしたアルバイトの実態は，高校生の生活に影響しないの？

A3 大きく影響しています。アルバイトをすることで，「睡眠時間」「学校以外での勉強時間」が短くなっています。そのため，「睡眠不足」「朝起きられない」「ストレス」「体調不良」「勉強時間がとれない」「学習意欲がわかない」といった心身と学業面の問題がみられます。

（藤田ら『高校生の生活と労働に関する実態調査(2010)』より）

〈感想〉

ワーク3 資料を読み，自分たちの学ぶ権利を保障するためにはどのような制度が必要か考えてみよう。

ワーク4 今日の授業で学んだこと，考えたことを書こう。

資料 **自分たちの学ぶ権利を守るために動き始めた高校生たち**

●大阪の高校生

　経済的な理由で就学が困難な状況の生徒が多いことに対し，2008年4月20日，「大阪の高校生に笑顔をくださいの会」を12校35名の生徒で結成した。メッセージカードをわずか2ヶ月間で2100通以上集め，6月に大阪府に要請，7月には高校生を中心に1500名で集会，高校生500人でパレードを行い，10月にようやく橋下知事との直接交渉が実現した。

　「私学助成が削られれば，学校に通えない生徒も出てきます」と生徒の発言に，「公立に入れるよう一生懸命努力しなくては」と知事。「定数があって公立に全員が入れない。公立に行けなかったのは私たちの自己責任ですか？」と迫る生徒に知事は，「競争がなかったら人間は努力しなくなる。今の日本は自己責任が原則。それがいやなら日本から出ていくしかない」と発言をした。

　最後には「あと5年10年したらわかるはず」と子ども扱いをして会議を終えた知事に，生徒たちは失望しつつも，今後への決意を固めた。その言葉どおり，生徒たちは月1回のペースで会議を持ち活動を継続し，今2008年に続き高校生からメッセージを集め，高校生の実態を多くの人に伝えていこうと取り組みを始めた。

（島田和秀「笑顔ではなく泣き顔をくれた橋下知事——公立高校に行けなかったのは自己責任ですか？」子どもの貧困白書編集委員会編『子どもの貧困白書』2009，98-99より）

●高校生パレード：80人が教育費の無償化など訴え

　「サンタさんと鳩山さん，頼んだよ」——。首都圏や関西地方の私学や定時制高校などに通う高校生ら約80人が25日，教育費の無償化や卒業後の就職先確保を訴える「高校生の声を国会に届けるクリスマス行動」を実施し，赤い帽子や衣装で東京・渋谷をパレードするなどした。

　昨年，橋下徹大阪府知事の私学助成金削減に抗議した「大阪の高校生に笑顔をくださいの会」の高校生や，首都圏で就学問題を考える集会を開いた高校生らが参加。国会議員会館での集会で生活苦から高校を中退した仲間のことなどを報告し，厚生労働省前で街頭宣伝した後，渋谷で「奨学金を増やして」「定時制高校をつぶさないで」と訴えながら約30分間パレード。参加した埼玉県立高校3年Aさん（18）は「通学のための交通費が高い。学費以外の補助も充実させてほしい」と話していた。

（毎日新聞2009年12月26日記事より）

　その後，大阪府は，私立高校生の授業料について，年収350万未満の世帯まで無償化できるよう府独自に助成することを決定した（平成23年度からは年収610万円未満まで拡充）。その後，京都府などの私立高校も授業料が無償化になるなど各都道府県に拡がりをみせている。

年　　　　組　　　　番　　　名前

教材12 もし進学費用を自分で賄うとしたら？
～進学にかかる費用～

教材の位置づけ

家電や食品など，身近な「物」を扱うことが多い消費者の「自己決定」の題材として，高校生の関心が高い「進路選択」を取り上げ，進路選択について費用面で考えさせる。家計における「教育費」の負担は非常に大きく，自分の進学は高額な費用を必要とする消費であることを認識させる。

用意するもの
配布資料，必要であれば，学校の実態に合わせて進学雑誌など学納金がわかる資料

学習の展開

導入
1. 高校卒業後，4年制大学や専門学校などに進学した場合，受験から卒業までにかかる費用について，予測し発表する。

展開
2. 私立大学と国立大学4年間の必要な費用を比較する。【ワーク1】
3. 志望校は費用以外のさまざまな要素も踏まえて選択する。【ワーク2】
4. 自分の希望する進学先に必要な費用を計算する。【ワーク3】
5. 奨学金を借りた場合の借入れ総額と利息総額および卒業後の毎月の返済額を確認する。【ワーク4】

まとめ
6. 授業の感想を記入し，まとめる。

発展学習

大学生の収入の中で奨学金が占める割合が増加傾向にあることから，奨学金は借金であり金利だけでもかなりの金額になることも確認する。大卒初任給やフリーターの平均月収（p.16参照）を，奨学金貸与時の毎月の返済額と比較し，返済可能な金額を考えさせるとよい。

ワークシートの解答例

ワーク1．① a 1,259,350　b 3,177,750　c 4,437,100　d 817,100　e 1,607,400　f 2,425,200
　　　　　　g 国立B大学　h 2,011,900　② a 32,360　b 1,553,280　c 191,500　d 1,744,780
　　　　　　e 107,310　f 5,150,880　g 817,700　h 5,968,580　i 自宅通学　j 4,223,800
　　　　　③ a 6,181,880　b 8,393,780　c A大学へ自宅通学　d 2,211,900

ワーク4．a 2,400,000　b 3,018,568　c 618,568　d 16,769

配布資料

資料① 2011年度 大学・短大・専門学校学納金例

※別途教材費が必要。
(単位：円)

学校	専攻	修学年限	入学年のみ納入 入学金等	入学年のみ納入 諸費用	毎年納入 授業料	毎年納入 施設費等	毎年納入 実習費	初年度納入金	2年目以降年間納入金
私立A大学	経済学部	4年	200,000	—	800,000	259,350	—	1,259,350	1,059,350
私立A大学	理工学部	4年	200,000	—	1,150,000	273,350	100,000	1,723,350	1,523,350
国立B大学	経済学部	4年	282,000	—	535,800	—	—	817,800	535,800
国立B大学	工学部	4年	282,000	—	535,800	—	—	817,800	535,800
私立C短大	保育科	2年	300,000	16,400	816,000	162,000	66,000	1,360,400	1,044,000
D専門学校	美容	2年	120,000	60,000	432,000	387,200	228,000	1,227,200	1,027,200
E専門学校	情報処理	2年	200,000	15,650	665,000	450,000	—	1,330,650	1,125,000
F専門学校	看護	3年	100,000	—	300,000	100,000	40,000	540,000	440,000
G職業訓練校	自動車整備	2年	—	—	115,200	—	—	115,200	115,200

2011年度各校資料より作成

資料② 大学生の1か月の生活費（全国平均）2010年

(単位：円)

収入	自宅生	下宿生
小遣い・仕送り	15,550	71,310
奨学金	11,970	26,740
アルバイト	29,690	21,900
定職・その他	1,960	2,660
収入合計	59,170	122,610

支出	自宅生	下宿生
食費	11,010	23,510
住居	—	54,640
教養娯楽費	7,080	8,260
書籍費	5,320	2,250
日常費	2,090	6,500
その他	6,860	12,150
支出合計	32,360	107,310

（全国大学生協連合会「学生生活実態調査の概要報告」第46回より）

資料③ 受験から入学までの費用（住居別）

(単位：円)

支出	自宅通学	自宅外通学
受験費用	191,500	237,600
家賃	—	59,500
敷金・礼金	—	205,400
生活用品等	—	315,200
合計	191,500	817,700

東京私大教連『私立大学新入生の家計負担調査 2009年度 抜粋』をもとに作成

資料④ 奨学金貸与・返還の例

(単位：円)

貸与の内容			
貸与月額	50,000	貸与期間	48か月

返還例			
貸与総額	2,400,000	貸与利率	3.0%
返還総額	3,018,568	月賦返還額	16,769
返還回数	180回	返還年数	15年

（日本学生支援機構HPより引用）

ワークシート ⑫ もし進学費用を自分で賄うとしたら？
~進学にかかる費用~

ワーク1
高校生の進路選太さんは4年制大学への進学を希望しています。選太さんには2つ志望校があり、どちらを第一志望にするか悩んでいます。そこで、それぞれの大学について、卒業までにかかる費用を比較してみよう。

《進路選太さんの志望校》

A大学：私立大学経済学部　自宅から電車を乗り継ぎ1時間以内で通学
B大学：国立大学経済学部　自宅から通学できないため下宿生活

①資料1を参考に、選太さんがそれぞれの大学に進学した場合の学納金総額を計算してみましょう。

学納金
（入学金や授業料など学校に納めるお金）　　　　　　　　　　　　　　　　　　　　　（単位：円）

		私立A大学	国立B大学
ア	初年度納入金（入学金等）	a	d
イ	2年目以降学納金×（修業年限－1）	b	e
ウ	4年間合計（ア＋イ）	c（a＋b）	f（d＋e）

→ 結果：学納金は [g] が [h] 円安い

②資料2を参考に、A大学に自宅通学の場合と、B大学で下宿生活の場合の受験から入学までの初期費用と卒業までにかかる生活費を計算して比較してみよう。

（単位：円）

生活費と初期費用		自宅通学	下宿
エ	生活費／1か月分	a	e
オ	生活費／48か月分（エ×48）	b	f
カ	受験から入学までにかかる費用	c	g
キ	受験から卒業までにかかる費用（オ＋カ）	d	h

→ 結果：生活費＋初期費用は [i] が [j] 円安い

③入学から卒業までにかかる費用の合計を計算してみましょう。

（単位：円）

4年間の学納金と生活費および初期費用	A大学へ自宅通学	下宿してB大学
ウ＋キ	a	b

→ 結果：学納金＋生活費は [c] が [d] 円安い

ワーク2
たくさんの学校のなかから志望校を選ぶときに、費用以外の面であなたが大切だと思う要素をあげてみよう。

> **ワーク3** あなたが興味のある学校の、卒業まで必要な学納金を計算してみよう。第二志望があれば、その金額も計算し比較してみよう。資料がない人や進路未定の人は資料①から、自分の希望に近い学校を選びます。さらに、資料②、資料③を参考に受験から卒業までに必要な生活費を計算し学納金との合計を求めよう。

①学納金 (単位：円)

(入学金や授業料など学校に納めるお金)	第一志望	第二志望
修業年数（いずれかに○）	1・2・3・4・6 年	1・2・3・4・6 年
ア　初年度納入金		
イ　2年目以降学納金×(修業年限－1)		
ウ　入学から合計(ア＋イ)		
エ　卒業までの学納金合計		

②生活費と初期費用 (単位：円)

	第一志望	第二志望
自宅通学，下宿，その他（寮など）	自宅／下宿／(　　　)	自宅／下宿／(　　　)
オ　受験から入学までにかかる費用		
カ　生活費／1か月分		
キ　卒業までの生活費（カ×12×修業年数）		
ク　受験から卒業までにかかる費用(オ＋キ)		

③受験から卒業までの学納金＋生活費 (単位：円)

	第一志望	第二志望
エ＋ク		

> **ワーク4** 弟妹の多い選太さんは、親に経済的負担をかけたくないと思い、奨学金を利用することにしました。毎月5万円を4年間借り入れ、利息は年率3％、卒業後15年間で返還するとどのようになるか資料④を見て答えよう。

①4年間に借りるお金は合計いくらになるか計算してみよう。
　50,000円 × 48か月分 ＝ (^{a}　　　　　)円

②利息だけでいくらになるか計算してみよう。（在学中は無利息です）
　返還総額(^{b}　　　　)円 － 貸与総額(^{a}　　　　　)円 ＝ (^{c}　　　　　)円

③借りたお金を15年で返還する場合、選太さんは毎月(^{d}　　　　　)円返済することになります。

授業の感想

　　年　　　組　　　番　　名前

おわりに

　生活経営領域の学習は,「食や被服のような体験的な学習を組み入れにくい」「高校生に対して実生活と結びつけさせるのが難しい」「問題点は理解できるが,なかなか生徒に明るい未来(展望)をもたせられない」などといった悩みや課題をよく耳にする。本書では,ゲームやシミュレーション,ロールプレイなどの体験的な活動を用い,実感を伴った理解ができるように努めた。また,諸外国の先進的な事例,高校生が社会のしくみを変えようと自ら動き始めた事例などを用い,「生きづらい」社会のなかで自分の将来に展望をもつことができるようにも心がけた。

　本書で取り扱っている教材や授業例は,東京学芸大学大竹研究室自主ゼミ,2008年度日本家庭科教育学会の課題研究,科学研究費「基盤研究(c)課題番号23531209,貧困・格差社会に生きる高校生の自立支援を目指した家庭科カリキュラムの開発」の助成を受けての研究で,カリキュラム研究として取り組んだ中から生まれたものである。試行段階のカリキュラムを研究メンバーや他の先生方に協力依頼して実践し,先生方の意見と生徒の声をカリキュラムに反映させ継続的に実践研究を重ねながら,深めてきた。限られた授業時数の中で,必要不可欠な内容であることを確信したという先生方の声や,悲観的な内容ややりきれなさ・怒りを表出し,それを共有する高校生の姿がみられた。生徒の感想には,さらに労働者への不当な扱いは自己責任ではないことや,今の社会や政府へ現状を変えることを求めていくなど,何かを変えようとする意識の芽生えを確認することができた。

　以下に,授業を実践してくださった先生方のコメントをまとめているので,授業実践の参考にしていただきたい。

　最後に,本書の主旨をご理解くださり,実践にご協力いただきました多くの先生方に心より感謝申し上げる。

藤田昌子

実践協力していただいた先生方のコメント

石川五月先生(千葉県立市川工業高等学校)
　1学期は食分野のところを学習していました。「難しくて,全然わかんねーよぉ!腹いっぱいになればいーじゃん!!栄養なんてカンケーねーじゃん!」……といっていた生徒が,2学期この経済に入ったら,「すげー,役立つじゃん。まじ俺たちに必要じゃネ??先生,こーゆーのもっとやってよ」……だそうです。

石垣和恵先生(山形県立酒田西高等学校)
　高校生にとって,社会を身近に感じられるすばらしいカリキュラムだと思います。社会科の授業では,社会保険,社会保障を取り扱うけれども,実際の金額まで示して,それが妥当かどうかと考えるところが,家庭科の授業のおもしろさであり,必要なことだと思っています。

大沼晶子先生（玉成保育専門学校）

　　貧困・格差問題に関する学習内容を家庭科で扱うことは，現代社会において，非常に重要な内容だと思いました。そして，生活に関わることすべてが題材になる家庭科であればこそなので，生徒たちと考えていきたい内容だと思います。『ホームレスからの脱出法』は，単なる説明で行うワークシートと違って，とても生活資源というものをとらえやすかったと思います。このようなことがなぜ起きていくのかが，学生たちも納得できたようでした。現実に起こっていることに対する社会保障ということが，視覚化できたように思います。

奥平大樹先生（東京都立橘高等学校）

　　貧困・格差問題に関する学習内容を家庭科で扱うことは，これからの将来を担う高校生にはとても必要な問題であると思います。

栗林福子先生（東葉高等学校）

　　ゲームを行うことでいつもより積極的に授業に参加する生徒もおり，働き方の違いによる社会保障の違いについて興味をもち，理解を深めていったようです。就職難の時代に，高校生が今後の人生を考えるきっかけとなるよい教材だと思いました。

杉浦香奈先生（私立高等学校）

　　教科書の内容をなぞるだけでは，生徒の興味をひくことができません。しかし，こちらの生活設計や社会保障の教材を利用することで，おかげさまで，生徒に興味をもって取り組ませることができました。『ホームレスからの脱出法』は，階段を転げ落ちていく図と社会保険のセーフティネットの対応が非常にわかりやすく，生徒の理解が深まりました。『ホームレス中学生』はほとんどの生徒が知っている題材であるというのもよかったです。

高橋典子先生（東京都立大江戸高等学校）

　　今まであまり勉強していない分野でしたので，自分自身の勉強になりました。新聞の切り抜きなどをして生徒にこれからも関心をもたせたいと思えたことがよかったです。

中川千文先生（静岡県立静岡中央高等学校）

　　貧困・格差問題に関する学習を家庭科で生活に結びつけながら学ばせたい。とても必要な内容だと思っている。『25歳の家計簿』『社会保険ゲーム』は生徒も教員も楽しく学べて，かつ具体的に理解でき，よい教材だと思う。

渡部和子先生（山形県立鶴岡南高等学校）

　　生徒に記入させた授業後のアンケートには，"家庭科は生きていく上での大切な科目だ""経済学（今回の授業）はおもしろい。すごくためになった"と書いてくれた。フリーター・正社員の『25歳の家計簿』『社会保険ゲーム』など"体験"を通して学ばせることが，生徒の意欲を高める上で重要ということを再認識した。『社会保険ゲーム』では，社会保険に未加入だと，家庭をもつこと，子どもを産むことも不安になるので，フリーターの多い現状では少子化は改善できないと考察を深め，社会問題について考える生徒もいた。

■ 監修・執筆
　大竹美登利（東京学芸大学）

■ 編集・執筆
　中山節子（千葉大学教育学部）
　藤田昌子（愛媛大学教育学部）

■ 執筆
　坪内恭子（東京都立白鷗高等学校・附属中学校〈非〉）
　冨田道子（広島都市学園大学）
　中野葉子（白百合学園中学高等学校）
　松岡依里子（大阪成蹊短期大学）
　若月温美（東葉高等学校）

■ イラスト協力
　小島愛梨（神奈川県立麻生総合高校卒業生）
　亀岡美咲（愛媛大学教育学部卒業生）

■ 実践協力
　飯嶋智子（東京都立大江戸高等学校）
　伊槻久美子（北海道札幌白稜高等学校）
　石川五月（千葉県立市川工業高等学校）
　石垣和恵（山形県立酒田西高等学校）
　猪俣万里子（法政大学第二中学高等学校）
　碓田瑞穂（長野県立梓川高等学校）
　大沼晶子（玉成保育専門学校）
　坂上利子
　大野栄子（東京都立大江戸高等学校）
　奥平大樹（東京都立橘高等学校）
　栗林福子（東葉高等学校）
　杉浦香奈（私立高等学校）
　鈴木裕子（福島県立川俣高等学校）
　高橋典子（東京都立大江戸高等学校）
　滝口厚子（東京都立大江戸高等学校）
　中川千文（静岡県立静岡中央高等学校）
　矢野智美（元京都府立宮津高等学校伊根分校）
　渡部和子（山形県立鶴岡南高等学校）
　　　（実践協力者の所属は 2012 年 4 月現在）

安心して生きる・働く・学ぶ
―高校家庭科からの発信―

2012 年 6 月 15 日　第 1 刷発行
2015 年 2 月 2 日　第 2 刷発行

編著者　●　監修：大竹 美登利　編集：中山 節子　藤田 昌子
発行者　●　大熊 隆晴
発行所　●　開隆堂出版株式会社
　　　　　〒113-8608　東京都文京区向丘 1-13-1
　　　　　TEL 03-5684-6116（編集）
　　　　　http://www.kairyudo.co.jp
印刷所　●　三松堂印刷株式会社
発売元　●　開隆館出版販売株式会社
　　　　　〒113-8608　東京都文京区向丘 1-13-1
　　　　　TEL 03-5684-6118
　　　　　振替 00100-5-55343

・定価はカバーに表示してあります。
・本書を無断で複製することは著作権法違反となります。
・乱丁本，落丁本はお取り替えいたします

ISBN978-4-304-02104-6